Pour ma nouvelle meilleure amie :

....

LA PARISIENNE

Conception graphique
Noémie Levain

Coordination éditoriale
Julie Rouart

Relectures
Marion Doublet
Camille Giordano

Fabrication
Murielle Meyer

Photogravure
Couleurs d'image,
Boulogne-Billancourt

Toutes les photographies ont été réalisées
par Ines de la Fressange et Sophie Gachet,
à l'exception de celles de :
Benoît Peverelli p. 25, 27, 29, 31, 33, 35, 37,
41, 45, 49
Spa Nuxe 32 Montorgueil p. 131
Tibo p. 77
Deidi von Schaewen p. 134
Fabrice Vallon pour Très Confidentiel : p. 132
DR p. 76, 81, 84, 89, 90, 97, 102, 103, 130,
155 bas, 174 haut, 177-179, 182, 226
Thierry Chomel p.174 bas

© Flammarion, Paris, 2010
ISBN : 9782081244498
Dépôt légal septembre 2010

LA PARISIENNE
Ines de la Fressange

TEXTES Ines de la Fressange et Sophie Gachet
DESSINS Ines de la Fressange
PHOTOGRAPHIES DE NINE D'URSO Benoît Peverelli

Flammarion

Sommaire

PARTIE 1 ✶ *page 9*
Mode in Paris

PARTIE 2 ✶ *page 117*
La belle de Paris

PARTIE 3 ✶ *page 137*
La Parisienne d'intérieur

PARTIE 4 ✶ *page 167*
Paname Food

PARTIE 5 ✶ *page 199*
Parisiennes attitudes

PARTIE 6 ✶ *page 207*
Paris pour petits

PARTIE 7 ✶ *page 225*
Un lit à Paris

PARTIE 1

Mode in Paris

1. L'ADN de la Parisienne

MODE IN PARIS

Il n'est pas nécessaire d'être née à Paris pour avoir le style de la Parisienne. J'en suis le meilleur exemple : j'ai vu le jour à Saint-Tropez ! Avoir l'attitude *made in Paris* est plus un état d'esprit. Être rock et jamais bourgeoise par exemple. La Parisienne ne tombe jamais dans le piège des tendances : les laisser infuser et s'en servir à bon escient, voilà sa recette secrète ! Et garder toujours un objectif : s'amuser avec la mode. Elle suit quelques règles, mais aime bien les transgresser aussi, ça fait partie du style. Son ADN tient en ces 6 points. Facile, non ?

L'ADN de la Parisienne

Elle fuit les panoplies

Stop au *total-look* : il faut mé-lan-ger !
Savoir mixer styles et griffes est essentiel. Faire rimer chic et *cheap* vous fait gagner 100 points au petit jeu « Qui sait à quoi ressemble une Parisienne ? ». Porter un sac estampillé « vieux it bag » avec un basique pull en cachemire est bien plus talentueux que copier littéralement les derniers looks des défilés. Ne pas acheter la blouse qui va avec la jupe dans le même magasin est preuve d'un esprit libre en mode. Penser à quelque chose qui « match » (un mot anglais intraduisible en français qui s'approche de « s'accorde parfaitement avec ») n'est pas du tout une préoccupation. Le précepte à retenir : le chic, c'est surtout de ne pas acheter de panoplie ! À appliquer sans modération.

Elle est anti-bling

La Parisienne Rive Gauche est celle dont le style s'exporte le mieux et qui marque le mieux sa différence.
Elle se balade à Saint-Germain-des-Prés et fuit tout ce qui fait *bling*. Ne pas avoir l'air riche, voilà l'idée. Bijoux qui brillent et logos à gogo, ce n'est pas son genre. Une Parisienne ne traque pas le mari milliardaire. Elle ne cherche pas à dépenser pour avoir une étiquette qui se voit. Si elle est chic, elle exige avant tout de la qualité. Son luxe ? Une griffe qui garantit le bon goût et non le fait que les autres en connaissent le prix.

MODE IN PARIS

Elle joue les têtes chercheuses

La Parisienne aime découvrir de nouvelles griffes. Surtout si ce sont des marques créatives et abordables. Elle peut se montrer plus fière d'une découverte au supermarché du coin (on trouve des trucs top chez Monoprix !) que d'être la première à posséder le dernier « it bag » de prix, surtout s'il se vend sur liste d'attente (so vulgaire !). Sa garde-robe se compose habilement de « petits prix », de vêtements achetés en voyage et de quelques pièces de luxe. Du coup, quand elle porte un denim, on ne sait jamais s'il est siglé GAP, Notify, H&M ou Hermès ! Elle n'est pas du genre à dépenser tout son salaire dans un « must-have ». D'abord parce qu'elle n'en a pas les moyens, et ensuite parce qu'elle considère qu'elle a autant de talent qu'une styliste : pourquoi donner autant pour un vêtement qu'elle aurait pu imaginer elle-même ? La Parisienne a cette arrogance de penser qu'elle ne sera jamais démodée. La mode, elle l'ignore. Même si elle porte toujours un petit détail qui montre qu'elle maîtrise les tendances. C'est cela qui fait son charme.

L'ADN de la Parisienne

Elle est à l'aise dans ses baskets

Vous n'entendrez jamais une Parisienne se plaindre que sa jupe est trop courte, sa robe trop serrée et ses chaussures trop hautes. Toutes les filles qui ont disserté sur le style en arrivent à la même conclusion : « Le secret d'un bon style est de se sentir bien dans ses vêtements. » Elles connaissent leur corps, savent ce qui leur va et ce qui correspond à leur façon de vivre. Si vous ne vous sentez pas à l'aise avec un pull trop décolleté, des talons trop vertigineux ou des pantalons trop collants, changez-vous !

INES

MODE IN PARIS

Elle ignore les idoles

La Parisienne n'a pas d'idole.
Chacune joue son propre rôle d'icône de la mode.
Mais elle admire secrètement Jane Birkin et Charlotte
Gainsbourg qui réussissent toujours le look désinvolte
(pull en cachemire gris + denim + Converse
ou bottes vintage) auquel elle aspire. De même,
elle admire forcément le look d'une copine qui
a son propre style et qui réussit à le garder au goût
du jour tout en prenant de l'âge. Son idole
dans la mode n'est pas forcément connue du public.
Plus elle est inconnue, plus elle a des chances
de lui plaire. Comme les créateurs, elle puise
son inspiration dans la rue.

Elle se méfie du bon goût

Qui aurait pensé que le marine
et le noir étaient deux couleurs
qui allaient très bien ensemble ?
Avant Yves Saint Laurent, personne n'avait osé
le mix. Aujourd'hui, ce duo détonnant fait merveille
dans les soirées où l'élégance est reine. Il faut
toujours savoir prendre de la liberté avec les diktats
de la mode. Ne pas hésiter à s'affranchir de certaines
règles. Y compris de celles dictées dans ce guide,
bien sûr ! Vous aimez les robes orange avec
des chaussures jaunes ? Allez-y, un jour viendra
où l'on voudra toutes vous copier ! La mode évolue
toujours et c'est en cela qu'elle est intéressante.
Il arrivera un jour où la Parisienne aura décrété
que les minishorts avec blouson en léopard
et ballerines cloutées sont ce qui se fait de mieux.
Soyez prête à tout chambouler !

L'ADN de la Parisienne

Shopping coach

→ **Qui n'a jamais été tentée par une robe entièrement pailletée ou un jupon à mille volants ?** Pas facile de résister aux sirènes de la mode. Pourtant, la Parisienne doit apprendre à faire du shopping avec méthode si elle ne veut pas se laisser enivrer par l'abondance du choix. Surtout, elle ne peut pas bourrer sa penderie de pièces qu'elle ne portera jamais.

Comment ne pas devenir une victime de la mode ?

Réfléchir

✳ Il faut se demander :
« Si j'achète ce truc, est-ce que j'aurai envie de le mettre ce soir ? »
Si la réponse est « non »,
« je le mettrai à la maison »
ou encore « on ne sait jamais, si un jour il y a une fête »,
c'est qu'il faut s'esbigner vite fait de la boutique.

Écouter les vendeuses

✳ Ok, certaines sont intéressées au chiffre d'affaires, mais elles sont sensées bien connaître la collection et sauront trouver la pièce qui vous ira… C'est leur métier ! En revanche, fuyez celle qui vous dira : « C'est très tendance cette saison ! » La Parisienne déteste acheter ce que tout le monde porte. Elle est attentive à ce qui lui va, plus qu'à ce qui est à la mode, dont elle fait mine de ne pas se soucier (*cf.* point suivant).

Assimiler les tendances

✱ Suivre les tendances est tout ce que la Parisienne fuit, mais elle doit savoir ce qui est *trendy*. Le tout est de ne pas appliquer les courants à la lettre. Par exemple, si l'imprimé panthère tient la vedette, elle ne doit pas s'équiper façon « je me suis échappée du zoo ». Une pochette en imprimé animal suffira à montrer qu'elle fait partie des filles stylées et non des bêtes de mode.

Ne pas acheter des "œuvres d'art"

✱ Il arrive qu'on achète un vêtement en se disant : « C'est gai, c'est une belle pièce ! » On aime l'objet, les couleurs vives, les détails amusants. On l'aime pour ce qu'il est, sans faire le rapport avec notre style, notre silhouette. Or il faut toujours imaginer comment il s'intégrerait à notre penderie. Et ne pas penser qu'un vêtement bien mis en évidence dans une boutique, avec de fortes prédispositions photogéniques, sera forcément un bon achat. Vous éviterez ainsi le manteau orange vif quand vous avez les cheveux roux et la minijupe argentée à volants quand vos cuisses ne s'y prêtent pas. Connaître les limites de la mode, c'est tout un art !

Partager son budget en deux

✱ D'un côté les basiques de qualité et de l'autre, les coups de cœur qui rendent la garde-robe joyeuse (une ceinture, un sac, des bijoux fantaisie). Même avec un budget moyen, il y a mille façons d'avoir un look sympa. Finalement, on n'a pas besoin de grand-chose. Mieux vaut avoir peu de pulls, de vestes, de manteaux, mais de bonne qualité. Ce n'est pas la quantité qu'il faut viser. Il faut savoir éliminer. Le côté « ça je garde pour quand je ferai de la peinture à la maison », ça ne marche pas non plus ! Il faut savoir donner. Il y a hélas suffisamment d'associations et de personnes défavorisées. Une chose est sûre : on commence mieux la journée en ouvrant un placard avec peu de chose, mais bien rangées.

Décaler, c'est gagné !

➡ **« Fuyons les panoplies ! », c'est le cri de guerre à retenir.** Décaler et ne pas jouer le premier degré est le sport préféré de la Parisienne. Ajouter deux-trois détails un brin absurdes peut donner un style fou. Évidemment, mélanger n'est pas sans risque. Un *fashion faux pas* est vite arrivé, mais la Parisienne trouve toujours une façon de transformer sa maladresse en effet de style. Elle sait aussi que cumuler les codes de l'élégance n'est pas une bonne idée. Il faut toujours bousculer l'esprit BCBG. Voici le top 10 – du moins risqué au plus osé – des bonnes idées pour décaler son look dans les règles de l'art parisien.

MODE IN PARIS

10 _Un jean_ avec des sandales bijoux
(et non des baskets)

9 _Une jupe crayon_ avec des ballerines
(et non des escarpins)

8 _Un pull pailleté_ avec un pantalon d'homme
(et non une jupe)

7 _Un collier en diamants_
sur une chemise en jean le jour
(et non sur une robe noire le soir)

6 _Des mocassins_ avec un short...
et même des chaussettes
(et non des pantalons sans chaussettes)

5 _Une robe du soir_ avec des nu-pieds ultra-épurés
(et non des sandales bijoux)

4 _Un collier de perles_ avec un tee-shirt rock
(et non une robe trois-trous)

3 _Une robe en mousseline imprimée_
avec des bottes de moto bien usées
(et non des ballerines toutes neuves)

2 _Un smoking_ avec des baskets
(et non des escarpins de femme fatale)

1 _Une robe du soir_ avec un panier en osier
(et non une pochette dorée)

L'ADN de la Parisienne

Le style sans effort

→ **Il suffit parfois de peu de choses pour obtenir un vrai style.** En anglais, on l'appelle « l'effortless style ». La condition requise ? Avoir confiance en soi… et sourire (tout passe toujours mieux quand on sourit) ! Évidemment, quelques astuces aident à avoir du style sans effort… ou presque. En voici 16.

✱ *mettre* un petit pull en laine sur sa robe de bal. Il n'y a rien de plus kitch que les étoles – *please*, surtout pas d'étole : même les stars d'Hollywood n'en portent plus sur les tapis rouges –, ou les petites vestes boléro. Une robe pailletée et un pull en cachemire, ça c'est Paris !

✱ Aller chez H&M, mais se fournir au rayon *homme*.

✱ *mixer* couture et *street culture*. Un pantalon noir à la coupe tailleur impeccable mélangé avec un tee-shirt très mou dans un coton très fin (les plus jeunes peuvent tenter l'imprimé). Quand on ne sait plus si on veut faire luxe ou *casual*, c'est dans le mille : on est style !

✱ Une *parka* sur une petite robe en mousseline.

✱ *Superposer* deux écharpes. Ça marche aussi avec deux tee-shirts, deux blouses, deux blazers et même deux ceintures. Les pièces les plus basiques prennent ainsi de l'importance.

✱ Un maxi *accessoire* sur une silhouette simplissime. La Parisienne a toujours admiré Jackie Kennedy dans sa période Onassis : un pantalon blanc, un tee-shirt noir, des nu-pieds… et des grosses lunettes de soleil. C'est chic, c'est efficace… on peut copier tout de suite !

✱ **Marier** son vieux denim super usé avec une blouse en soie. Comme pour le pantalon avec le tee-shirt, ce mélange donne tout de suite de la consistance à un look. Tout le reste du look doit rester ultrasobre. Il faut donner l'idée que l'élément luxe – la blouse en soie – est venu s'insérer par hasard. Si on voit trop qu'on a voulu faire de l'effet, c'est raté et on finit fichée « try too hard », une expression anglaise définissant les filles qui en font trop pour avoir un style. Pas cool du tout, car on le sait : même si la Parisienne achète des cargos de magazines de mode pour rester en vogue, elle ne veut surtout pas que cela se remarque ! Elle serait même du genre à aller acheter ce guide en disant que c'est pour offrir…

✱ Quand vous en avez marre de vos vêtements, les teindre en **bleu marine**, ça leur donnera une deuxième vie (sauf s'ils sont déjà bleu marine, bien sûr !).

✱ Se faire ramener d'**Inde** des blouses Kurtas de toutes les couleurs. Mettez-les sous un cardigan avec des colliers de perles, style « je suis une bourge de Katmandou ».

✱ **Enfiler** des vestes de gardians trop petites en velours noir de chez Camille à Arles. Pareil avec des vestes « bleu de travail » portées trop petites.

✱ **Chiner** d'anciens foulards d'homme et les porter avec tout.

✱ Tout ce qui vient d'un **surplus** et qui est porté avec des bijoux anciens est bien.

✱ Ne pas hésiter pas à porter la **chemise** de son fils de 12 ans avec un soutien-gorge pigeonnant et apparent.

LA RÈGLE D'OR UNIVERSELLE D'UN BON STYLE

Si le bas (pantalon, jupe) est ample,
le haut doit être ajusté.
Et si le bas est serré,
le haut doit être large.

✱ Tout **ceinturer** avec une grande ceinture d'homme usée trop longue et faire une boucle de la partie pendante.

✱ Porter des **chaussettes** (mi-bas) en cachemire de toutes les couleurs (kaki, framboise, turquoise).

✱ **Retrousser** négligemment les manches de sa chemise en coton sur son pull. Ça donne une allure casual chic.

2. Pas si basiques!

C'est avec des bons basiques qu'on fait des bons looks ! Avoir le style d'une Parisienne, c'est – presque – simple. Veste d'homme, trench, pull bleu marine, débardeur, petite robe noire, jean et blouson en cuir : il suffit de faire entrer ces sept classiques dans son dressing. Ensuite, tout est question de composition. Quel est l'effet visé ? Comment faire tilter son basique ? Que faut-il éviter ? Mode d'emploi pour l'allure « made in Paris ».

La veste d'homme

L'effet visé

Le masculin/féminin. Et surtout pas le masculin/masculin. Il faut savoir lui trouver une façon de faire femme.

Pour la faire tilter

✶ Ceinturez-la !

✶ Remontez les manches, c'est la touche « easy chic » de rigueur. Quand le revers est d'une autre couleur, c'est bien plus gai.

✶ La journée, on la porte avec un pantalon de couleur différente (le denim, c'est toujours bien).

✶ Le soir, on fait raccord entre la veste et le pantalon (noir sur noir, ça marche depuis des siècles).

✶ La marier à une chemise blanche négligemment ouverte dessous, c'est subtilement sexy. Avec un top en dentelle, en soie ou brillant, c'est chic avec une pointe de sexy.

Fashion faux pas

→ Pas de minijupe avec une veste d'homme. Trop de féminin tue le masculin !

→ Choisie trop large, la veste perdra du chic. Épaulettes tombantes, c'est non, non, non !

Le look star

Veste bleu marine
+ blouse en mousseline blanche
+ jean blanc. Ça va à tout le monde, c'est « clean » et net !

L'immortelle

La veste de smoking siglée Yves Saint Laurent. Dessous, ne porter qu'un soutien-gorge, comme le suggérait le maître. Évidemment, elle n'est pas accessible à toutes, mais heureusement, vu son succès, elle a été largement imitée dans les boutiques « petit prix » ! Ouf!

Pas si basiques !

Le trench

L'effet visé

Faire croire qu'on le porte depuis toujours et qu'il est notre seconde peau.

Pour le faire tilter

✳ Remonter les manches et fatiguer le col pour qu'il ne fasse pas trop rigide.

✳ Surtout ne pas le fermer bien sagement avec la boucle, mais nouer la ceinture, façon « j'ai cassé la boucle, mais pas de panique, j'ai trouvé une solution de secours ! ». Donner un *twist mode* sans que cela se remarque (on pourrait presque croire que c'est un acte pratique), c'est tout l'art de la Parisienne !

Le look star

Avec un jean, avec un pantalon de smoking, sur une petite robe noire du soir… franchement voyez-vous un moment où le trench n'a pas sa place ? Il va sur tout et avec tout !

Fashion faux pas

⟶ Le look militaire.
Ça risque de faire trop premier degré avec ce manteau utilisé à l'origine dans les tranchées.

⟶ Avec une jupe longue.
Gare à l'effet « tour ».

⟶ Avec un twin-set, un collier de perles, une jupe droite et un serre-tête, risque très élevé de passer pour une fille pas drôle du tout… sauf si on a 16 ans et qu'on joue le second degré.

⟶ Le choisir en polyester.

L'immortel

Le Burberry, *of course* !
Il y en a plein qui lui ressemblent de loin et qui n'ont pas la mythique doublure, mais cela n'empêche en rien un look légendaire.

Le pull bleu marine

L'effet visé

Le côté net sans faire trop sérieux. On veut faire sobre, mais plus raffiné qu'un simple pull noir. Il faut l'admettre : les pulls noirs, c'est parfois un peu trop facile !

Pour le faire tilter

✲ Avec un jean blanc, il prend tout son sens.

✲ Avec un pantalon noir, il rappelle qu'Yves Saint Laurent a toujours eu de chic idées pour mixer les couleurs.

✲ Pour un look « easy cool », on le porte avec des chaussures plates.

✲ Pour le soir, on ajoute des talons. Avec quelques bracelets en ribambelle, ça fait cling mais jamais bling.

Le look star

Jean blanc + pull en V bleu marine + sandales hautes + blouson de cuir.

Quelle matière ?

Le cachemire évidemment. C'est cher ? Pas vrai ! On en trouve partout à petits prix (les Parisiennes se ruent sur les collections du supermarché Monoprix). N'oublions pas qu'un pull en cachemire est bien plus résistant que n'importe quelle autre matière qui s'use lavage après lavage !

Fashion faux pas

→ Pas de risque de fashion faux pas avec du bleu marine... Sauf si on le mixe avec du jaune (ça fait logo de meuble suédois !).

L'immortel

Tous les pulls marine sont dans la nature ! Éric Bompard (www.ericbompard.com) est souvent vu comme le fournisseur quasi officiel d'un bon nombre de Parisiennes. Mais de New York (chez Gap) à Tokyo (chez Uniqlo), tous méritent le détour !

Pas si basiques !

Le débardeur

L'effet visé

Jouer les seconds rôles sans se faire remarquer. Il est là pour accompagner un look.

Pour le faire tilter

✳ Avec un short, un jean et même une jupe (surtout une jupe imprimée).

✳ Lui allier un collier de bonne facture.

✳ Avec une veste de smoking ou un blazer.

Quelles couleurs ?

Des couleurs simples : blanc, noir, gris, bleu marine ou kaki. On évitera le vert sapin sous prétexte que c'est tendance ou le rouge qui marche bien sur les petits pour les repérer à la plage, mais c'est tout.

Fashion faux pas

⟶ La couleur « nude ». Qui veut avoir l'air nue ?

⟶ L'imprimé « Marcel ». Trop évident.

Le look star

Débardeur blanc + pantalon beige + veste d'homme + mocassins.

L'immortel

Le Petit Bateau, évidemment ! Un fleuron de la France. Et donc un must-have pour la Parisienne ! En taille enfant (16 ans), il a un petit côté étriqué qui donne tout de suite du style. La Rolls des débardeurs : le Abercrombie & Fitch qui est long, étroit et très bien coupé. Quand on le lave, il reprend tout de suite sa forme initiale.

La petite robe noire

Ce que l'on sait de la petite robe noire

La petite robe noire n'est pas un vêtement, c'est un concept. Elle est abstraite, universelle. Et par là même propre à chacun. « Petite robe noire » ? En vérité, cela ne veut rien dire. Édith Piaf et ses grandes mains posées à plat sur son ventre ? Anna Magnani en larmes dans les films néoréalistes italiens ? En tous les cas, pour chacune d'entre nous, c'est un souvenir. Aujourd'hui, on a plusieurs robes noires comme on a plusieurs jeans : elles sont toutes différentes sous une même dénomination. La robe noire est un secret de Polichinelle pour les femmes ou plutôt un secret de bonne femme : nous savons qu'elle nous sauvera de toutes les situations, quels que soient le continent, la saison, l'heure, l'homme. La raison ? La petite robe noire associera sans difficulté deux mots : sexy et élégance. « Sexy et élégance » ? En vérité, cela ne veut rien dire…

L'effet visé

Simplicité, simplicité, simplicité… et une bonne dose d'élégance.

Le look star

Avec de grosses lunettes noires (Persol, façon années 1980) et des ballerines noires. On peut aussi ajouter des gants longs en hiver. Et on est prête pour aller prendre son petit-déj devant Tati Or… façon Holly Golightly (Audrey Hepburn) dans *Breakfast at Tiffany's*.

L'immortelle

Tout à coup, il y en a une toute seule sur un portant. On comprend qu'elle est là pour nous. Dans n'importe quelle boutique se cache toujours une petite robe noire qui attend de devenir l'essentielle d'une femme.

Le jean

L'effet visé

Avant, on avait un jean. Maintenant, ce qui est amusant, c'est d'en avoir plusieurs. Ciel, marine, blanc, noir… on joue avec les saisons et avec l'humeur !

Quel jean ?

✳ Alors que la guerre entre les différents types de jeans perdure, que les *fashionistas* oscillent entre *baggy* et *boyfriend*, une certitude : finalement, n'est-ce pas la coupe « tube » la plus pérenne ? C'est en tous les cas la préférée des Parisiennes. Et la plus facile à porter avec tout. J'aime surtout les tailles basses, mais là, mieux vaut se fier à sa morphologie.

Quelles couleurs ?

✳ Ciel, *used* (usé-délavé) et brut. Voilà les trois teintes de denim bleu qu'il faut pour traverser toutes les saisons. Un noir est obligatoire. Un blanc pour la touche gaie. Et ensuite, à vous de composer avec vos couleurs préférées ! Avez-vous pensé au bleu marine ? Il est la bonne alternative au denim brut.

Comment porter le denim sans se tromper ?

✳ On prend peu de risque avec le denim, car il est comme le sel de cuisine : il s'accommode avec tout !

Quand porter le jean blanc ?

✳ Qui a dit que le jean blanc était un vêtement d'été ? Le porter en hiver, avec un pull marine et des ballerines, est fortement recommandé. Il fait aussi facilement vêtement du soir : avec une veste en paillettes argentée, il pourrait même entrer à l'Élysée !

Le look star

Denim *used* + veste de smoking + derbies vernies + foulard imprimé.

L'immortel

Côté jean, l'immortel est surtout celui qui nous va le mieux !

Pas si basiques !

Le blouson en cuir

L'effet visé

Casser le côté mamie d'un look et sauver n'importe quelle allure trop conventionnelle.

Pour le faire tilter

✳ Avec une robe en mousseline pour éviter l'effet « garden party ».

✳ En hiver, on le porte sous un manteau, ça donne un petit côté rock à un look trop élégant. Même le pull peut dépasser du blouson.

✳ Avec un collier de perles. Quand c'est décalé, c'est gagné !

✳ Plus il est esquinté, plus il est beau. Quand vous l'achetez, mettez-le sous votre matelas pendant plusieurs nuits avant de le porter… ou marchez dessus. Vous pouvez aussi choisir d'en acheter un dans un magasin de vintage, cela vous évitera de mal dormir.

Fashion faux pas

→ Le porter avec des bottes de moto, parce qu'on n'est pas Marlon Brando.

Le look star

Blouson marron + denim blanc + top en soie + talons hauts.

L'immortel

Le plus près du corps possible avec des emmanchures assez hautes et deux poches plaquées. Il n'est pas forcément là où vous l'attendez : j'ai trouvé le mien chez Corinne Sarrut durant les soldes.
En cuir marron, c'est le bon ton.

3. La star, c'est l'accessoire

Vu que la Parisienne aime le chic construit avec des basiques, tout son style tient dans les accessoires. Qu'on soit grande ou petite, mince ou ronde, c'est ce qu'il y a de plus facile à *shopper*. Et surtout, si vous avez envie d'investir dans les accessoires, vous pouvez jouer le bon marché côté vêtements, personne ne le remarquera ! Finalement, l'accessoire est important !

Le show des shoes

→ Les femmes projettent beaucoup de leurs fantasmes dans les chaussures. C'est un peu comme le symbole de ce qu'elles souhaitent être. Ceci explique pourquoi certaines femmes achètent des chaussures qu'elles ne portent jamais. On désire des chaussures comme on désire des sacs : on en a déjà, mais on ne peut résister à l'appel de la nouveauté.
On sait si bien qu'une simple paire de chaussures peut transformer tout un look.

à méditer

Mieux vaut n'avoir qu'une seule paire de chaussures, mais une belle paire !

à propos des talons

Beaucoup de femmes pensent qu'elles vont paraître plus belles si elles portent des talons, ce qui est complètement faux. Elles devraient demander l'avis des hommes. Aucun homme ne dira : « Je t'aimerais davantage si tu avais 10 centimètres de plus ! » Sans compter que, souvent, les femmes ne savent pas marcher avec des talons hauts. Il n'y a rien de pire que les filles qui ont l'air de jouer les équilibristes ! Elles veulent être sexy ? Être sexy, c'est d'abord avoir une démarche féline et non bancale.
Je connais des filles qui ont fini avec des béquilles en raison de leur envie de prendre de la hauteur sans maîtriser les rudiments d'une démarche bien chaloupée sur des échasses. Entraînez-vous à la maison !

MODE IN PARIS

La star, c'est l'accessoire

Dans l'armoire à chaussures de la Parisienne, il y a forcément...

Des ballerines

Des E. Porselli qu'on trouve à Milan (ou chez SAP, 106, rue de Longchamp, Paris 16e et APC – www.apc.fr). Quand on est grande, comme moi, et on en a assez d'entendre à chaque fois qu'on met des talons « t'es sûre que tu as besoin de te percher sur des escarpins ? », on met des ballerines plates 24 heures sur 24. Heureusement que l'on peut en trouver pour toutes les occasions ! Porter des dorées le jour et des classiques en daim le soir est la bonne attitude. Avec des pantalons ou avec une robe, tout leur va. Si l'on ne devait posséder qu'une paire de chaussures, c'est sur celle-ci qu'il faudrait tout miser.

Des mocassins

C'est une pièce incontournable, mais avec laquelle il faut savoir jongler histoire de ne pas tomber dans le BCBG caricatural. Donc, surtout pas avec une jupe plissée (enfin bon, peu de filles osent encore porter des jupes plissées…). On peut les mettre avec des chaussettes un peu épaisses et un jean un peu court. Et on n'oublie pas la pièce – un Penny – à glisser sur le devant pour porter chance. Le bonheur, c'est simple comme un mocassin !

MODE IN PARIS

Des escarpins noirs

On peut faire toute une vie avec une seule paire d'escarpins noirs. Là, il faut investir, ça en vaut la peine ! Bien sûr, à certaines périodes, mieux vaut des arrondies, à d'autres périodes, il faudra des pointues. Mais si on choisit un modèle ultraclassique (ni trop arrondi, ni trop pointu), on pourra faire des centaines de kilomètres sans devoir repasser par la case « boutique » pour les remplacer parce qu'elles seront trop démodées.

Des nu-pieds

Comment passer un été sans nu-pieds ? Pour moi, c'est impossible ! La griffe mythique : Rondini, qu'on ne trouve qu'à Saint-Tropez ou sur le Net (www.rondini.fr). Les griffés K. Jacques, fabriquées elles aussi à Saint-Tropez, sont une autre option. D'autant qu'on les trouve sur le Net (www.kjacques.fr) et à Paris (16, rue Pavée, 4e. Tél : 01 40 27 03 57). Mais une Parisienne vous dira toujours qu'il vaut mieux aller les chercher là-bas. Il faut le savoir : le snobisme est une attitude très parisienne.

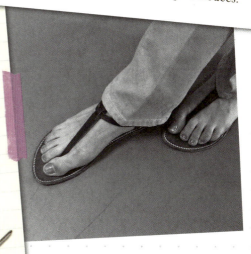

Des bottes cavalières

Avec une jupe, avec une robe, et même avec un short et des collants pour les moins de 35 ans, les bottes cavalières sont l'équivalent hivernal des ballerines. Noires ou marrons, elles doivent vraiment avoir l'air de bottes d'équitation pour être dans le ton. D'ailleurs, on connaît certaines Parisiennes – très à cheval sur les principes – qui vont les acheter dans des magasins spécialisés en vêtements équestres.

Le look est dans le sac !

→ Le sac est l'un des éléments clés de l'allure d'une Parisienne. Il peut rendre sa vie plus facile (il a des poches pour le téléphone mobile, pour le rouge à lèvres, un mousqueton pour accrocher les clés, une lampe de poche intégrée) ou lui faire vivre un enfer (le grand sac seau où tout se mélange et où une chatte ne retrouverait pas ses petits). Il est donc important de bien le choisir.
La Parisienne choisit ses sacs au coup de cœur et non parce qu'il est celui qu'il faut porter cette saison. Elle n'est pas intéressée par le « it bag » : elle cherche surtout le « mythe bag ».

 à méditer

Mieux vaut un panier en osier qu'une imitation de sac griffé ! La contrefaçon, c'est *contrefashion* !

Il est presque impossible de faire un fashion faux pas dans le choix d'un sac (mis à part le sac à dos et la banane). De l'imprimé animal au sac rouge vif, tout est possible !

On peut faire « matcher » la couleur de son sac à celles de ses chaussures seulement si on a moins de 30 ans. Après, ça fait prendre 10 ans !

MODE IN PARIS

Cinq modèles à posséder

Le grand cabas

L'ami de tous les jours.
On peut y glisser sa pochette.
Une bonne idée si on doit sortir
le soir et qu'on ne peut pas
repasser chez soi : ni vu ni connu,
on sort sa pochette et on laisse
son cabas au bureau !

La pochette

L'incontournable du soir…
ou du jour si elle est suffisamment
grande et souple. Ça donne
de l'allure si on est un poil
« underdressed ». Surtout quand
elle est d'esprit couture
avec broderies, pierreries
ou tissu de luxe.

MODE IN PARIS

La besace

Pour la touche casual et pour donner l'impression de ne pas être atteinte du syndrome de « it bagite ». Une besace, c'est souvent pour la vie !

Le sac de dame

Bien rigide, de couleur neutre (noir, beige, marron), il va traverser les âges avec des périodes plus fastes que d'autres. La Parisienne aime dire que le sien appartenait à sa grand-mère. Mais on sait toutes qu'elle l'a commandé chez Hermès.

Le panier en osier

L'ami de l'été. Histoire de jouer les Bardot à Saint-Tropez. Les Parisiennes l'utilisent aussi en ville pour décaler le plus chic des looks. Effet style garanti.

Briller en bijoux

Des diams 24 heures sur 24

Qui pense encore qu'il faut porter des diamants uniquement le soir ? J'ai une rivière qui appartenait à ma grand-mère. Je la porte la journée sur un tee-shirt. Et lorsqu'on me demande d'où ça vient, je dis que c'est du toc ! Évidemment, il m'arrive de porter du faux. Maintenant, plus personne ne fait la différence !

à méditer

N'accumulez pas votre bague de fiançailles, celle de vos dix ans de mariage et le bracelet à breloques pour la naissance de vos 4 enfants : votre bijou le plus joli est votre alliance.

Préférez une tourmaline de Marie-Hélène de Taillac ou une labradorite d'Adelline, au luxe raffiné non ostentatoire.

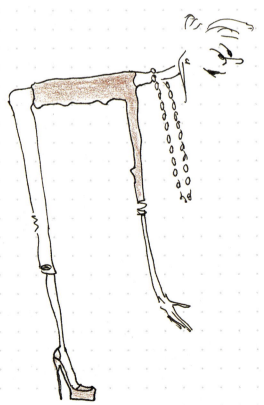

MODE IN PARIS

Cinq bijoux pour marquer un grand coup

Les boucles d'oreilles anciennes

Elles ne se démodent jamais vu qu'elles datent déjà d'un siècle passé. Le jour, le soir, elles s'acclimatent à tous les styles. Un peu comme les créoles.

Le bracelet porte-bonheur

Surtout quand il est d'origine exotique et que vous pouvez ainsi dire aux copines : « Je t'aurais bien donné l'adresse, mais c'est une amie qui me l'a rapporté d'Inde. »

INTERDIT

Le gros collier + les grosses boucles d'oreilles, ça fait sapin de Noël ! Si vraiment on veut tenter l'assemblage, choisir des bijoux très fins et différents.

La montre d'homme

Une grosse montre d'homme avec un pull en cachemire, un denim et des Converse, c'est très sensuel. Et avec un smoking ou une petite robe noire, c'est sexy.

La bague à pierres de couleur

Les bagues en or rehaussées d'une pierre précieuse ou semi-précieuse sont des bijoux intemporels. Certaines pensent que les pierres ont des propriétés qui améliorent notre vie : la calcédoine par exemple est connue pour ses vertus apaisantes, la citrine apporte de l'énergie, la péridot préserve des influences négatives et donne une pointe de gaieté. Porter des bijoux pour avoir une vie encore plus belle, j'adore l'idée !

Le bracelet manchette

Il agit toujours comme un « statement » sur une silhouette. Une ribambelle de joncs est aussi un bon investissement.

4. S.O.S. Mode

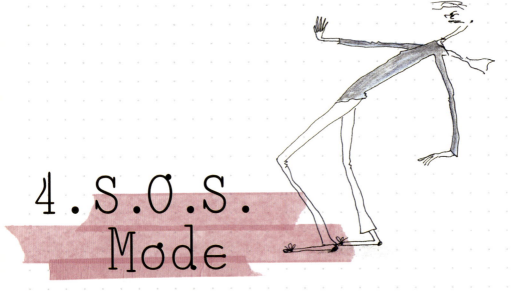

Un dîner improvisé avec des amis ? Un mariage ? Un week-end à la campagne ? La Parisienne se rend compte seulement quelques heures avant l'événement qu'elle va devoir faire un effort vestimentaire. Quelles sont les bonnes astuces pour améliorer son style en cinq minutes chrono ? Des solutions « dress code » à chaque situation.

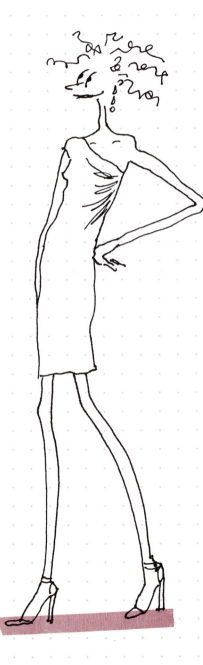

Le décor

✳ Des amis vous invitent ce soir dans un restaurant fashion. Comment être à la mode sans en avoir l'air ?

Dress code

→ Pensez basique et surtout pas petite robe froufroutante. Sobrissime si vous n'êtes pas sûre du code vestimentaire du restaurant (ça peut être très chic ou super trendy, on ne sait jamais avec les restaurants à la mode). Ce qui peut faire la différence ? Les chaussures. Osez un truc original (une couleur, des talons vertigineux, des pierreries). Si vraiment vous êtes hors sujet, vous pourrez toujours les planquer sous la table !

Une soirée avec un fiancé potentiel

Le décor

✱ « Blind date » ou première sortie à deux, c'est mission séduction.

Dress code

⟶ Tout ce qui est trop évident irrite la Parisienne. Se dévoiler au premier rendez-vous avec un décolleté plongeant et une minijupe vraiment mini, très peu pour elle ! En hiver, elle serait même du genre à choisir un col roulé. Reste qu'une chemise blanche d'homme avec un pantalon noir (qui peut être un pantacourt pour celles qui veulent du fun) et des chaussures « low profile » permettront à votre candidat de se concentrer sur ce que vous lui dites. La lingerie ? Oui, je l'avoue : un soutien-gorge un peu pigeonnant peut aider… à condition qu'il ne se voie pas bien sûr !

Le décor

✱ Évidemment, être invitée à un bal jet-set vous arrivera plus facilement si vous habitez Paris que Mantes-la-Jolie. Mais personne n'est à l'abri d'une cousine qui veut des invités en smoking et robe longue pour son mariage en province.

Dress code

⟶ Évitez la couleur de saison si vous n'avez pas mille autres occasions de la porter à nouveau. On vante sans cesse les qualités de la petite robe noire, on peut donc encourager vivement le port d'une longue robe noire. Le secret pour en faire une robe un brin amusante ? Nouer à la taille un ruban de couleur (la Parisienne achète les siens chez Mokuba, 18, rue Montmartre, Ier. Tél. 01 40 13 81 41). Talons hauts recommandés, mais vous pouvez toujours rester à plat… personne ne vous en voudra !

Un week-end à la campagne

Le décor

✱ La Parisienne est souvent invitée à la campagne pour passer le week-end. Comment ne pas faire poule dans les champs ?

Dress code

→ Se débarrasser de tout signe extérieur de mode. On laisse donc le « it bag » à la maison et on le remplace par un panier en osier ou un cabas en coton – voire une besace. On sort les Converse et on range les ballerines, on enlève tous les bijoux pour ne garder qu'une montre d'homme. Et on se focalise sur les basiques (débardeur, khakis, tee-shirt). Seul pièce stylée autorisée : la marinière. Surtout si la campagne n'est pas loin de la mer !

Un cocktail

Le décor

✱ Toute Parisienne est au moins une fois dans sa vie conviée à un cocktail dans une galerie d'art, pour un prix littéraire ou une ouverture de boutique.

Dress code

→ C'est le moment de sortir sa veste de smoking (sur pantalon noir, jean blanc, denim usé) et d'ajouter un accessoire qui va en mettre plein la vue (pochette fluo, grosses boucles d'oreilles, méga manchette). L'objectif : se fondre dans n'importe quelle ambiance *arty*. On peut aussi sortir la petite robe noire pour cette occasion. La meilleure longueur ? Aux genoux ou juste sous les genoux. Les moins de 40 ans peuvent s'aventurer vers la mini, c'est toujours joli.

MODE IN PARIS

Un voyage en avion

Ne prenez pas la chose à la légère, la Parisienne aime avoir le bon style dans un aéroport. Certes, elle n'est pas « paparazzée » comme les stars qui arrivent à Los Angeles avec leur oreiller sous le bras mais, même en transit, elle doit maintenir son rang de fille stylée quelles que soient les situations. Voici sa check-list pour voler chic.

- Pour les longs courriers, elle enfile un caleçon taille basse très souple en éponge. C'est comme un jogging.
  On en trouve toujours chez Zara. Jamais de jupe ou de robe !

- Le gros pull chaud est obligatoire. Dessous, on superpose (du débardeur au tee-shirt à manches longues),
  histoire de s'effeuiller quand on arrive à destination.

- De la crème hydratante, un stick pour les lèvres
  et des gouttes pour les yeux... L'essentiel est de se ré-hy-dra-ter !

- Des chaussettes, à enfiler une fois qu'on a enlevé ses chaussures.

- Des baskets (pour moi, les Converse sont le top).
  N'essayez même pas de voyager en escarpins ou en bottes,
  si vous les enlevez pour dormir, vous n'arriverez plus à les remettre...
  et ressortirez avec vos chaussures en boucles d'oreilles !

- Un très grand sac style cabas pour trimballer livres,
  magazines et ordinateur.

- La Parisienne aime avoir l'air légère, elle préférera deux petites valises
  à roulettes en nylon qu'une grande (et lourde) qui casse le dos.
  De toutes façons, il faut résister à vouloir prendre toute sa penderie !
  C'est bien pour les actrices qui vont à Cannes et ont besoin de choix,
  mais cela devient ridicule quand on va juste lézarder au bord de la plage.
  Pour la couleur de la valise (oui, oui, il ne faut rien laisser au hasard),
  le noir est une valeur sûre. On évitera donc la valise imprimée palmiers
  sous prétexte « qu'on la remarque tout de suite sur le tapis des bagages ».

5. Fashion botox

Une robe avec un imprimé mal choisi peut vous parachuter dans la catégorie « mamie » ! Mieux vaut choisir des looks qui rajeunissent. C'est aussi efficace que les fameuses injections de produits antirides. Et tellement plus amusant ! Comment lifter son style ? Les solutions des Parisiennes.

Changer son style

➔ **Attention à ne pas se figer dans un style à un certain âge : c'est cela qui rend vieille !** C'est notamment le grand danger lorsqu'on atteint 40 ans et que l'on reste bloqué sur ses 30 ans. On sort de cette décennie bénie où l'on commence à se sentir bien, où tout nous va, où tout est possible, la vie est remplie des choses les plus passionnantes au travail, dans sa vie sentimentale, les enfants, on est jeune et mûre et l'on aimerait que cela continue, de toute façon, on n'a pas le temps de penser !

✱ À 40 ans, d'une façon tout à fait surprenante, on se pose cette question un peu surréaliste : « Est-ce que je peux encore me le permettre ? », et plus que d'y trouver une réponse, on s'étonne de se la poser. En vérité, il est encore un peu tôt, mais mieux vaut tôt que jamais ! Il ne faut surtout pas s'agripper à tout ce qui nous allait si bien à 30 ans. On a changé, l'époque a changé, mais aussi la mode. On peut revendiquer un style, mais l'ennui, le manque d'intérêt pour la nouveauté, l'absence du désir, l'habitude, la peur du changement ou de l'erreur, NON ! Il faut accepter de se tromper. Tout le monde fait des erreurs d'achat. Cela veut dire que l'on rêve d'être différente, c'est plutôt encourageant ! Lorsqu'on n'a plus envie de s'habiller, de se maquiller, c'est une forme de déprime. Il faut savoir bousculer son style quand on vieillit. Pas question de changer, mais d'évoluer.

Règle d'or #1

Ne jamais suivre la convention.

*

Ne jamais être mièvre.

Ne jamais être négligée.

Règle d'or #2

Trouver toujours l'accessoire qui transformera votre look et donnera l'impression que « the wild rock never dies ».

EXEMPLE

Alors que je m'habille souvent en bleu marine, noir, chemise blanche, je peux mettre sur un coup de tête une blouse rose fuchsia et surprendre tout le monde. Du coup, plus personne ne cherche à savoir quel âge vous avez !

FASHION FAUX PAS POUR LES + DE 50 ANS

L'esprit tunique imprimée folklo chinois ou des robes en tissu africain. Passé un certain âge, on a l'air déguisée.

Les clichés BCBG (rang de perles + boucles d'oreilles). Pas besoin d'expliquer.

La fourrure. Ça peut vite faire Cruella. En plus de revaloriser les signes extérieurs de richesse de votre mari, cela vous donne 10 ans de plus !

Les grosses boucles d'oreilles « clip ». Si on n'a pas les oreilles percées, mieux vaut miser sur le collier.

Les couleurs néon. Trop estampillé « jeune ».

La minijupe et le microshort. C'est un peu comme si vous gardiez votre biberon passé 4 ans !

Cultiver la curiosité

✱ C'est une bonne façon de rester jeune. Chercher de nouvelles griffes, essayer de nouvelles formes de pantalons, se percher sur des compensées. Oser, même si cela doit finir en fashion faux pas !

Vendre sur Ebay son sac en croco.

Ne pas suivre les tendances les yeux fermés

✱ Une erreur de débutante. Il faut savoir quelles sont les tendances et suivre les plus *soft* : le gris, les pantalons larges, les cabans… Mais on oublie le tartan, le jean troué, les cuissardes cloutées.

Toujours mélanger le chic et le cheap

✱ Trop de chic peut être fatal passé 45 ans.

Ne jamais tenter le style girly

✱ Minijupe, tee-shirts imprimés rigolos, etc. Ça fait la vieille qui veut rester jeune.

MODE IN PARIS

ne pas forcément acheter des vêtements marrants

✳ Un bon petit pull col rond sera un must pour la penderie d'une quinquagénaire : on peut le mixer avec un jean et un grand sautoir, ça sera élégant sans être ennuyeux.

Les mocassins ou les ballerines vont à tout le monde

✳ Tout comme une paire de baskets (la Parisienne voue un culte aux Converse), qui donne un côté sympathique, voire politique, à une femme de 50 ans.

Oser surprendre :

✳ Le soir, porter un blouson plutôt qu'un blazer et des ballerines plutôt que des escarpins avec une robe en mousseline. Accrocher sa broche sur sa hanche plutôt que sur le revers de sa veste, voire préférer le badge à la broche.

S'habiller en écoutant

Dead Flowers des Rolling Stones.

ne pas tomber dans les clichés

Changer souvent ses bijoux...

✳ ...même si c'est pour mettre un scoubidou !

Il n'y a pas que les vêtements qui peuvent vieillir

✳ Dire que Twitter est nul, que vous ne savez pas utiliser un lecteur MP3 et que l'iPad ne vous intéresse pas peut vous faire passer direct dans la case « mémé » !

6. Attention, fashion faux pas!

MODE IN PARIS

La mode change toutes les saisons.
On peut fuir la jupe-culotte une année
et en porter dans toutes les couleurs l'année
d'après. Pareil pour les salopettes, les pulls
norvégiens ou les cuissardes. Pas facile donc
dans ces conditions de répertorier les « fashion
faux pas ». Reste quelques looks qui, quelles
que soient les tendances, demeurent peu
flatteurs. Le « best of » des erreurs de style
d'après la Parisienne.

Attention, fashion faux pas

✷ *Le soutien-gorge à bretelles transparentes.* Personne n'arrive à s'y habituer. N'est-il pas plus sexy de laisser voir son soutien-gorge, ou alors, si vraiment on veut porter une robe bustier, de mettre des soutiens-gorge sans bretelles ?

✷ *Les strings avec des jeans taille basse.* Un des mystères de la mode.

✷ *Les jarretelles apparentes.* À moins de travailler au Crazy Horse !

✷ Peu importe la taille de la poitrine, *ne pas porter de soutien-gorge est toujours une erreur.*

✷ *Pas de collier et de boucles d'oreilles en même temps,* ça fait « too much » ! Tout comme les bagues à tous les doigts. Quant à l'accumulation bracelet + bague + montre + boucles d'oreilles + collier, c'est non, non, non, non, non ! Même à Noël !

✷ On ne prend pas trop de risque en disant qu'il faut *bannir la bague de foulard.*

✷ *Les piercings.* Trop connotés « no future ».

MODE IN PARIS

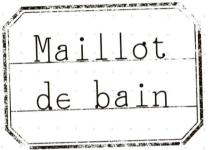

✖ *Le bikini trop sexy en lurex et paillettes.*
Rien de mieux que la culotte façon James Bond Girl que portait Ursula Andress dans « Dr No ».

✖ *Le maillot tout lacéré ou avec des découpes compliquées.*
Vous comprendrez quand vous l'enlèverez après une journée au soleil.

✖ *La culotte de bikini trop petite pour couvrir les fesses.*
Une Parisienne s'épile à la brésilienne mais ne porte jamais le même bikini qu'une Carioca.

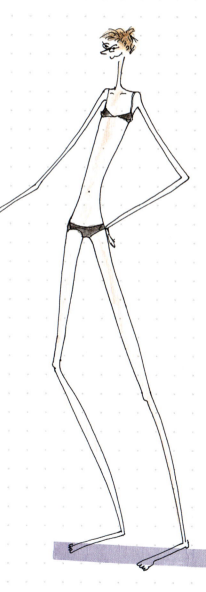

Attention, fashion faux pas

Accessoires

✱ **Les bottes blanches à franges.** Dans le thème « cow girl », il y a plus raffiné.

✱ **Un chouchou dans les cheveux.** Trop nunuche.

✱ **La banane** (fanny pack en anglais). Même si certains créateurs encouragent son retour, elle est trop pratique pour être jolie. On dira « non » quelle que soit la saison. Et surtout si on est une touriste !

✱ **Les tongs en plastique.** Et les claquettes de piscine. Ça peut briser même un look relax.

✱ **Les chaussettes blanches et les sandales.** Si on est une actrice américaine new-yorkaise qui joue dans un film d'auteur, ça peut marcher. Mais à Paris, c'est quasi interdit !

✱ **Assortir la couleur de ses collants** avec celle de ses chaussures et de son sac est un gros « don't ».

✱ **Le sac à dos**, passé les années collège.

✱ **La casquette de base-ball à l'envers.** À ce propos, est-ce que la casquette de base-ball est vraiment une bonne idée ? Préférez celle de marin ou le chapeau de paille.

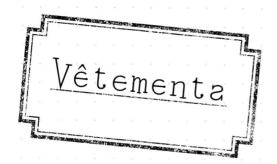

Vêtements

✱ **La chemise trop ajustée** qui fait des trous entre les boutons en raison d'une trop forte poitrine. En choisir une plus ample et ne pas fermer jusqu'en haut si on veut éviter l'explosion de bouton.

✱ **Les leggings.** C'est rare qu'ils soient seyants sur les gens.

✱ **Le costume en cuir.** Même si le cuir a la cote, même si Angelina Jolie a osé en porter, même si on en voit dans les magazines. On peut miser sur la veste ou le pantalon, mais pas sur la veste et le pantalon. Trop showbiz.

✱ **La résille en tee-shirt.** À part Madonna époque *Recherche Susan désespérément*, on ne voit vraiment pas comment ce look peut flatter.

✱ **Les tee-shirts trop courts.** Exhiber son nombril hors de la plage n'est jamais chic. C'est une question de proportions.

✱ **Une robe imprimée léopard avec un décolleté vertigineux.** Trop de sexy tue le sexy.

✱ **Les chemises de nuit imprimées avec les héros des petits.** Je n'ai jamais vu aucun homme en admiration devant une nuisette Hello Kitty !

✱ **Le pantalon transparent.** À quoi ça sert de porter un pantalon s'il dévoile tout ?

✱ **Les tee-shirts à messages supposés rigolos** du genre « mon boyfriend n'est pas à Paris en ce moment » ou « je cherche un mari riche ». Faut-il vraiment qu'on vous explique pourquoi ?

✱ **Mixer plein de matières** : satin + velours + mousseline + tweed = overdose de tissus.

7. Adresses à la mode

Ne pensez pas que la Parisienne passe son temps avenue Montaigne ! Même si Dior, Chanel, Louis Vuitton, Yves Saint Laurent, Hermès, Céline et toutes les maisons fleurons du savoir-faire français font partie de son patrimoine mode, elle aime aussi shopper hors des sentiers du luxe. Petites boutiques sympathiques, griffes en vogue ou lieux mythiques, voici mes adresses préférées.

Sœur

L'histoire

✱ Créée par deux sœurs, la boutique est – à l'origine – destinée aux jeunes filles. Domitille et Angélique Brion ont réussi leur coup avec cette griffe si sympathique.

Le style

✱ Qui a dit que c'était réservé aux jeunes filles ? Oui, mes filles trouvent toujours chez *Sœur* le short, le tee-shirt ou la robe qu'il est de bon ton de porter. Mais moi aussi, je trouve ce que j'aime en taille 16 ans. Je prends des petites blouses en coton et des pulls. C'est basique avec un twist charmant. Du coup, on peut garder les pièces d'une saison sur l'autre. Oser entrer dans des boutiques qui ne sont pas forcément ciblées pour elle, c'est cela qui fait le style de la Parisienne.

Le must-have

→ Toutes les petites robes que l'on peut porter en tunique.

Le cadeau à offrir

→ Le foulard à petites fleurs estampillé de la maison qui fait effet sur les 7 à 77 ans.

88 rue de Bonaparte, VIe
Tél. 01 46 34 19 33
www.soeur-online.fr

MODE IN PARIS

LA PHRASE

« Chut, ne faites pas passer l'adresse, je veux la garder secrète ! »

Adresses à la mode ✱ VÊTEMENTS

Vanessa Bruno

LA PHRASE

« C'est très joli le film que vous diffusez dans la boutique. C'est quoi le titre ? Ah bon, c'est la campagne de pub ? »

Le style

✱ Féminin-romantique. Les teintes sont douces, les coupes très fluides. Elle réussit les drapés comme personne. Et chaque pièce a un twist très créatif. On voit que c'est une griffe dessinée par une femme qui aime les vêtements dans lesquels on se sent bien. La lingerie aussi mérite l'essayage. Et la ligne Vanessa Bruno Athé est à noter, car moins chère et un peu plus casual que la ligne principale.

Le must-have

⟶ Le cabas à paillettes joue la star en boutique depuis des années, mais chaque saison un sac fait la différence et devient un nouveau classique. Les chaussures à talons qui sont toujours ultraconfortables.

25 rue Saint-Sulpice, VIe
Tél. 01 43 54 41 04
www.vanessabruno.fr

MODE IN PARIS

APC

LA PHRASE

« Évidemment que mes jeans viennent de chez APC, mais j'aime surtout aller dans la boutique pour acheter des bougies et des disques. »

Le must-have

→ Le jean brut à la coupe droite parfaite. Un vrai basique. Qu'on lui fasse des revers ou qu'on le laisse comme il est, il est le VIP d'APC.

Le style

★ Si basique mais tellement immortel. Pull en V, petite robe, sac, pantalon, toute Parisienne a au moins une pièce APC dans son placard. Bien sûr, chaque saison a son lot de vêtements du moment. Depuis peu, on y trouve aussi les ballerines Porselli.

- 38 rue Madame, VIe
Tél. 01 42 22 12 77
- 112 rue Vieille-du-Temple, IIIe
Tél. 01 42 78 18 02
www.apc.fr

Isabel Marant

LA PHRASE

« Il n'y a pas que les Parisiennes qui aiment Isabel : Eva Herzigova et Elle MacPherson ont acheté toute la collection cette saison ! »

Le style

★ Isabel a fait tout son succès sur l'ethnique-chic. Tunique brodée, pantalon souple, robe ample, on est bien quand on porte du Marant. Elle peut se vanter d'avoir trouvé le style qui colle parfaitement à la Parisienne : un vêtement de qualité, sans logo, pas forcément hors de prix et aussi confortable qu'un jean.

Le must-have

→ Une blouse.
Chaque saison, elles ont leurs détails qui les rendent uniques.

1 rue Jacob, VIe
Tél. 01 43 26 04 12
www.isabelmarant.tm.fr

MODE IN PARIS

Maje, Sandro et Ba&Sh

LA PHRASE

« Ta veste ? C'est une Balenciaga ou une Maje/Sandro/ Ba&Sh ? »

Le style

Le sport préféré des Parisiennes est de dénicher des vêtements tendances à moindre coût. Mis à part H&M et Zara, elles ne manquent jamais de passer par une de ces trois boutiques, riches en tendances. Si c'est la saison des vestes à épaulettes, on est sûre d'en trouver dans l'une des trois boutiques. Pareil pour les pulls en paillettes ou les shorts en denim. Ces boutiques ont la particularité de se multiplier dans Paris et partout ailleurs à vitesse grand V. Chacune a des mini variations de style, mais l'allure générale est la même : c'est celle de la saison !

• MAJE ⟶ rock-chic
24 rue Saint-Sulpice, VIe
Tél. 01 43 26 06 88
www.maje-paris.fr

• SANDRO ⟶ urban glam
47 rue des Francs-Bourgeois, IVe
Tél. 01 49 96 56 55
www.sandro-paris.com

• BA&SH ⟶ easy chic
83 rue d'Assas, VIe
Tél. 01 46 34 74 09
www.ba-sh.com

Adresses à la mode — VÊTEMENTS

Éric Bompard

Le style

Du cachemire, du cachemire et encore du cachemire. D'hiver ou d'été, c'est la spécialité maison. Pas de folie créative, les pulls sont hyper simples et bien coupés, c'est juste ce qu'on recherche pour construire une base de garde-robe.

Le must-have

→ Le pull col V, une Vraie Valeur.

LA PHRASE

« Un cachemire Bompard est une chèvre qui a really réussi ! »

91 avenue des Champs-Élysées, VIIIe
Tél. 01 53 57 89 60
www.ericbompard.com

Petit Bateau

Le style

Peu de marques peuvent se vanter d'exister depuis 1893 ! C'est la marque de l'enfance. La culotte en coton Petit Bateau fait office de madeleine de Proust, car toute petite Parisienne en a porté à un moment ou à un autre. Aujourd'hui, la collection se décline aussi pour les femmes enceintes et les adultes. Il suffit de prendre les modèles 18 ou 20 ans. C'est très talentueux de nous faire croire qu'on peut toujours s'habiller comme si on avait 20 ans !

LA PHRASE

« Mes culottes Petit Bateau sont insubmersibles ! »

Le must-have

→ Le débardeur, un élément du patrimoine Petit Bateau.

116 avenue des Champs-Élysées, VIIIe
Tél. 01 40 74 02 03
www.petit-bateau.fr

MODE IN PARIS

Liwan

LA PHRASE

« La sympathique propriétaire qui a une peau sublime utilise le savon d'Alep qu'elle vend dans la boutique. Du coup, j'en ai pris 7 ! »

Le style

L'accueil dans cette boutique libanaise est tellement chaleureux qu'on y reste longtemps. Tout est d'un goût exquis. Des grandes tuniques aux tissus en passant par les bijoux et les objets de déco qui donnent immédiatement du caractère à n'importe quelle pièce blanche. Quand j'étais enceinte, je portais en été les longues blouses en lin, divin !

Le must-have

→ Les nu-pieds en cuir de toutes les couleurs et les ceintures.

8 rue Saint-Sulpice, VIe
Tél. 01 43 26 07 40

Adresses à la mode ✳ VÊTEMENTS

Kerstin Adolphson

Le style

✳ Une boutique suédoise où tout vient du Nord. Des sabots qui ont été les stars de cet été aux gros pulls en maille qui seront celles de cet hiver, il y a toujours un incontournable de la saison.

Le must-have

→ La besace en cuir naturel. Quand je la porte dans la rue, je me fais toujours arrêter par des filles qui veulent savoir d'où elle vient. Elle traverse les âges en se patinant joliment.

LA PHRASE

« C'est de l'ethnique qui vient du froid. »

157 boulevard Saint-Germain-des-Prés, VIe
Tél. 01 45 48 00 14
www.kerstin-adolphson.c.la

MODE IN PARIS

Swildens

LA PHRASE

« Je l'ai trouvé chez Juliette ! »
(Juliette est le prénom
de la créatrice dont le nom
est donc Swildens.)

Le style

* Romantico-rock. Et teinté de beaucoup de fashion. Impossible d'expliquer comment la magie opère, mais chaque saison, Swildens a des pièces dont on a toutes envie ! Quand il y avait la folie du gilet en fourrure, il était doublé d'étoiles chez Swildens et c'est celui-ci qu'on voulait toutes. Pareil pour les imprimés fleuris ou les foulards à l'esprit vintage.

Le must-have

→ Je n'arrive pas à dénombrer les filles qui m'ont dit : « Ce blouson en cuir? Je l'ai acheté chez Swildens! »

16 rue de Turenne, IVᵉ
Tél. 01 42 71 12 20
www.swildens.fr

Adressez à la mode ✴ VÊTEMENTS

MODE IN PARIS

Journal Standard de Luxe

LA PHRASE

« De toute façon, on le gardera à vie. Le bleu de ta carte Bleue se délavera bien plus vite que le pull que tu viens d'acheter ! »

Le style

✳ On pourrait qualifier cet endroit de misérabilisme du luxe. Ce sont des vêtements japonais un peu *roots*. Grands pulls en cachemire, tuniques en pashmina, vestes en laine bouillie, corsages à l'esprit vintage, j'ai envie de tout. J'aime le côté suranné des vêtements, la noblesse des matières et le côté « gentlewoman farmeuse » chic qu'on a en les portant. Un choix subtil fait par une japonaise adorable. Rien n'est étincelant (c'est un endroit anti-bling), mais tout est attachant !

Le must-have

⟶ Les pulls larges de matières différentes sont in-dé-mo-da-bles.

Jardins du Palais Royal,
11-12 galerie de Montpensier, Ier
Tél. 01 40 20 90 83
www.journal-standard.jp

Adresses à la mode ✳ BIJOUX

Marie-Hélène de Taillac

Le style

✳ Quand on entre dans la boutique, on entend souvent : « Je n'ai pas l'habitude de porter des bijoux précieux ! » Dès sa première collection en 1996, Marie-Hélène de Taillac a donné l'envie de porter tous les jours de « vrais bijoux » qui n'ont pas l'air d'être sortis du coffre pour se montrer à l'opéra. Simples, d'une incroyable finesse, ces joyaux en pierres précieuses ou semi-précieuses sont teintés d'esprit indien. Normal, c'est à Jaïpur que Marie-Hélène crée ses trésors « bohemian ultraluxe » aux pierres de couleur qui mettent de bonne humeur.

Le must-have

➔ Trop dur de n'en choisir qu'un ! J'aime la bague cabochon et la bague Frivole dont la pierre pivote.

8 rue de Tournon, VIe
Tél. 01 44 27 07 07
www.mariehelenedetaillac.com

LA PHRASE

« Tu savais que Marie-Hélène avait une boutique de mode à Jaïpur ? »

MODE IN PARIS

Adressez à la mode ✴ BIJOUX

Adelline

Le style

✴ Dans une boutique-écrin, les bijoux d'Adelline sont des trésors épurés dont on aimerait faire collection. Petites dormeuses, longs sautoirs ou cabochons sur bague ou bracelet, tout fait envie. Avec un soupçon d'influence indienne (Adelline s'inspire au Gem Palace de Jaïpur), toutes les créations ont l'air d'avoir une histoire.

Le must-have

➤ Trop difficile de décider… Toutes les bagues avec des pierres qu'on accumule comme des bonbons. Le bracelet en or qui se termine par une pierre façon tête de serpent a tout pour nous capturer.

54 rue Jacob, VIe
Tél. 01 47 03 07 18

MODE IN PARIS

LA PHRASE

« Envoie ton mari là-bas, même s'il a mauvais goût, il ne trouvera rien de moche ! »

Adressez à la mode ✷ BIJOUX

Pierre Barboza

LA PHRASE

« L'ancien, c'est toujours à la mode ! »

Le style

✷ Pour les amoureux des bijoux romantiques de 1830. Dans cette mini boutique qui a l'air tout aussi antique que les trésors qu'elle contient, on trouve aussi des bijoux « transformés » auxquels on a ajouté quelques pierres pour leur redonner une jeunesse.

Le must-have

→ Tout est unique, donc tout est must-have !

356 rue Saint-Honoré, Ier
Tél. 01 42 60 67 08

MODE IN PARIS

Dinh Van

LA PHRASE

« Ma mère porte son bracelet Dinh Van depuis 30 ans, c'est dire si ces bijoux sont un bon investissement ! »

Le style

✱ Plus épuré et fin qu'un bijou Dinh Van, ça n'existe pas ! De la joaillerie pour tous les jours, les Parisiennes qui fuient le bling en raffolent.

Le must-have

→ Le jonc tout simple et le bracelet en cordon avec rond en or.

16 rue de la Paix, IIe
Tél. 01 42 61 74 49
www.dinhvan.com

Adresses à la mode ✱ BIJOUX

Emmanuelle Zysman

LA PHRASE

« Emmanuelle vient d'ouvrir une boutique rue de Grenelle. Ouf, la rive gauche est sauvée ! »

Le style

✱ La boutique est toute noire avec de jolis bijoux très fins présentés sous des cloches de verre. Bagues en pierres fines qu'on dirait sorties d'un trésor abîmé par le temps, bracelets Gipsy avec labradorite ou spinelle noire, ras du cou avec diamants, c'est adorable.

Le must-have

→ Le bracelet martelé en vermeil qui se ferme par un lien en coton. Quand vous le portez, la phrase des gens qui vous croisent est invariablement : « C'est joli cela, c'est de qui ? »

81, rue des Martyrs, XVIIIe
Tél. 01 42 52 01 00
www.emmanuellezysman.fr

MODE IN PARIS

LeTéo & Blet

LA PHRASE

« Quand c'est dessiné par des architectes, c'est bien charpenté ! »

Le style

Architectes d'intérieur, designers et conseils artistiques, Catherine Le Téo et Thierry Blet ont la création dans la peau. Ils se sont lancés dans les bijoux en 2006. Chacune de leurs collections raconte une histoire. Les bijoux sont en or et argent, avec des formes géométriques et artistiques.

Le must-have

Tout est must-have vu qu'on ne trouve pas ces bijoux ailleurs. L'endroit est aussi un « must-see », d'autant qu'il a une jolie verrière.

5 rue Casimir-Delavigne, VIe
Tél. 01 43 37 86 84
www.leteoblet.com

Adresses à la mode ✱ BIJOUX

Jeanne Danjou et Rousselet

Le style

✱ Dès qu'on entre dans cette boutique qui a vue sur le Pont Neuf, on sent qu'une bonne partie de l'histoire de Paris a eu lieu chez cette famille, créateurs de bijoux fantaisie depuis 1920. Ici, on parle perles de Sévigné, on trouve des boucles d'oreilles à l'air ancien et de très jolis sautoirs à prix abordables. La boutique rachète également des bijoux en or et fait toutes sortes de réparations, y compris des transformations.

Le must-have

→ Les colliers en perles de coton ou en papier mâché, incroyablement légers.

15 place du Pont-Neuf, Ier
Tél. 01 43 54 99 32
www.maisonrousselet.com

MODE IN PARIS

La phrase

« Mistinguett venait ici faire créer ses bijoux. C'est donc une adresse people ! »

Adresses à la mode ✶ CHAUSSURES & SACS

Jérôme Dreyfuss

LA PHRASE

« Jérôme ? Je le connais depuis longtemps ! En 1998, il avait une collection qu'il appelait "couture à porter" et en 2002, il faisait le stylisme de la promo mondiale de l'album de Michael Jackson. Un vrai king de la fashion ! »

Le style

✶ Ultrasouples, super pratiques et avec des volumes plus que parfaits, les sacs de Jérôme sont devenus des incontournables. Il y a plein d'astuces comme le lien sur lequel accrocher ses clefs ou la petite lampe de poche pour chercher dans son sac quand il fait nuit. Tous les sacs ont des prénoms d'homme et on en tombe très vite amoureuse ! De vrais sacs du quotidien estampillés « agricouture », puisque Jérôme travaille avec des artisans qui privilégient le tannage végétal. C'est beau et c'est bio !

Le must-have

→ Celle qui n'a pas encore son *Billy* n'a rien compris !

• 1 rue Jacob, VIe
Tél. 01 43 54 70 93
• 11 rue de l'Échaudé, VIe
(pour la ligne luxe)
Tél. 01 56 24 46 75
www.jerome-dreyfuss.com

MODE IN PARIS

Nessim Attal

LA PHRASE

« Et dire que certains vont jusqu'à Saint-Tropez pour acheter des nu-pieds ! »

Le style

Dans cette cordonnerie, le maître des lieux vous propose de réaliser des nu-pieds sur mesure, dans le cuir que vous désirez. Ça marche aussi pour les enfants qui peuvent même choisir de faire fabriquer des spartiates roses fluo. Évidemment, c'est une échoppe prise d'assaut dès les beaux jours et la liste d'attente se remplit vite. Du coup, mieux vaut commander ses sandales en décembre.

Le must-have

C'est vous qui le ferez, puisque vous décidez ce que vous voulez.

122 rue d'Assas, VIe
Tél. 01 46 34 52 33

Adresses à la mode ✘ CHAUSSURES & SACS

Minuit moins 7

Le style

✱ Faire réparer ses chaussures de luxe par un vrai pro qui travaille avec les meilleurs chausseurs. Et surtout qui peut vous remplacer la semelle rouge de vos vieilles Louboutin par une autre semelle rouge toute neuve approuvée par Louboutin lui-même. Une adresse très parisienne qui va vite devenir le rendez-vous des Américaines amoureuses de la *red sole*.

La phrase

« Je reprendrais bien de votre cirage fait maison ! »

10 passage Véro-Dodat, Ier
Tél. 01 42 21 15 47

MODE IN PARIS

Le style

Chic, roots et rock'n'roll. Voilà comment se définit la boutique 58 m qui propose des chaussures et des sacs de différentes griffes. Jérôme Dreyfuss, Avril Gau, K. Jacques, Lanvin ou encore Alexis Mabille, la sélection est parfaite.

LA PHRASE

« Cette nuit, j'irai e-shopper sur leur site. C'est tellement plus XXIe siècle de commander des chaussures à minuit ! »

Le must-have

Un sac ou des chaussures griffés Tila March, la petite marque créée par Tamara Taichman, rédactrice de mode à *Elle* et dont le succès est fulgurant.

58 rue Montmartre, IIe
Tél. 01 40 26 61 01
www.58m.fr

Adressez à la mode CHAUSSURES & SACS

MODE IN PARIS

Roger Vivier

LA PHRASE

« J'aimerais les chaussures de Catherine Deneuve. Non, pas celles qu'elle portait dans *Belle de jour*, celles qu'elle a créées pour Roger Vivier ! »

Le style

✶ « Tout ce qui est beau peut cohabiter », disait le maître (Roger Vivier). Classique et avant-garde font donc bon ménage. La ballerine boucle traverse les tendances avec un aplomb digne de la reine d'Angleterre pour qui Vivier avait imaginé les souliers de son couronnement. Pour moi, *home sweet home*...

Le must-have

→ Les ballerines à boucle vont à tout le monde. On peut les porter 24 h sur 24, avec une robe ou des pantalons. De vrais classiques du chic !

29 rue du Faubourg Saint-Honoré, Ier
Tél. 01 53 43 00 85
www.rogervivier.com

Adressez à la mode — CHAUSSURES & SACS

Upla

LA PHRASE
« J'hésite entre la besace kaki et la marine… Je vais prendre les deux ! »

Le style

Des sacs casual qui donnent l'allure de collégienne. On pense toujours que cette griffe est anglaise, mais elle a été créée en 1973 à Paris dans le quartier des Halles.

Le must-have

→ La besace de pêcheur qu'on trouve dans toutes les couleurs.

5 rue Saint-Benoît, VIe
Tél. 01 40 15 10 75
www.upla.fr

LUNETTES ✴ Adresses à la mode

E.B. Meyrowitz

LA PHRASE

« Pas besoin de lunettes pour constater que l'accueil est charmant et compétent ! Rien à voir avec les supermarchés de montures qu'on trouve à chaque coin de rue ! »

Le style

✴ La haute couture de la lunette puisque E.B. Meyrowitz permet de réaliser des modèles sur mesure ! Proche de la place Vendôme, cette boutique, ouverte en 1922, propose des modèles exclusifs et vraiment stylés comme les modèles *Slack* dessinés par Olivier Lapidus en exclusivité pour Meyrowitz.

Le must-have

→ La boîte en acier siglée de la maison. Un must qui est tellement prisé qu'on doit s'inscrire sur liste d'attente pour l'avoir. J'ai déjà la mienne, ouf !

5 rue de Castiglione, Ier
Tél : 01 42 60 63 64
www.meyrowitz.com

Adresses à la mode ✴ GANTS

Causse

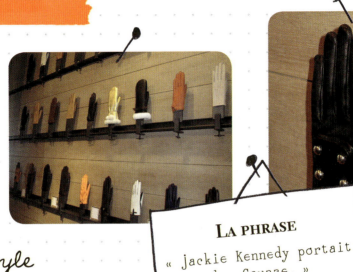

LA PHRASE
« Jackie Kennedy portait des Causse. »

Le style

✴ Déjà, quand vous parlez des gants en cuir Causse, dites qu'ils sont fabriqués à la manufacture de Millau en France et non à l'usine. Ça montre tout de suite un savoir-faire qui n'existe pas partout. Le style des gants est comme leurs méthodes artisanales : intemporel. Reste qu'on en a trouvé avec des clous, donc on peut témoigner que la tendance peut prendre la main.

Le must-have

➞ De longs gants. Ça habille une robe du soir !

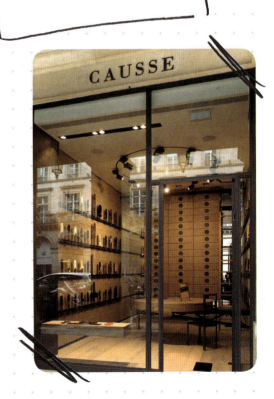

12 rue de Castiglione, Ier
Tél. 01 49 26 91 43
www.causse-gantier.fr

MULTIMARQUES ✱ Adresses à la mode

Binôme

LA PHRASE

« C'est le multimarque de la vraie Parisienne qui aime les adresses anti-bling ! »

Le style

✱ Delphine Behin, créatrice de bijoux, et Delphine Conty, créatrice d'accessoires en cuir, ont imaginé cette petite boutique sympa dans laquelle on trouvera forcément son bonheur (et à prix doux). Comme ces filles sont sympathiques, elles ont ouvert leur boutique à d'autres marques (Hartford, Laurence Doligé ou Des Petits Hauts).

Le must-have

➔ Toutes les créations des deux Delphine, forcément originales.

5 rue de Condé, VIe
Tél. 01 43 25 37 95

Adressez à la mode ✶ GRAND MAGASIN

Le Bon Marché

Le style

✶ Tout le style de la Rive Gauche est concentré dans ce grand magasin très mode. De Vanessa Bruno à Balenciaga, d'APC à Lanvin, on trouve toutes les griffes qu'on aime porter. Mais aussi un rayon cosmétique très en vogue, une librairie estampillée « chic », un espace déco ultradesign, une mercerie incroyable, des jeux pour enfants (rayon des 3 hiboux) et des cafés (le dernier ouvert est le Miyou, orchestré par le chef étoilé Guy Martin) où on a envie de camper. La destination idéale quand on n'a qu'une journée pour arpenter la capitale. Un peu à la manière d'Holly Golightly qui passe son temps dans la bijouterie Tiffany's à New York (dans *Breakfast at Tiffany's*), quand on est au Bon Marché, on a l'impression que rien de mal ne peut nous arriver. Surtout au rayon lingerie où la cabine d'essayage est reliée par interphone à une vendeuse !

LA PHRASE
« Même les vitrines valent le détour ! »

Le must-have

⟶ Vous ne prendrez pas trop de risque en choisissant n'importe quoi, car tout ce qui entre au Bon Marché a été soigneusement sélectionné par des acheteuses très pointues.

24 rue de Sèvres, VIIe
Tél. 01 44 39 80 00
www.lebonmarche.com

MODE IN PARIS

105

Adresses à la mode ✱ VINTAGE

Mamie

Le style

✱ Forcément rétro, puisque c'est une boutique de vintage. Dire que c'est une caverne d'Ali Baba est bateau. Mais c'est pourtant vrai. On n'entre pas ici pour rester cinq minutes. Ça fleure bon le Paname d'antan et le patron de la boutique a tout de la figure du quartier, copain aussi bien avec les branchés qui viennent se fournir chez lui qu'avec les mamies à caddy qui discutent devant son échoppe. Le choix est considérable. J'ai trouvé de vrais trésors au rayon sacs. Et j'ai été tentée par des robes imprimées. Le patron m'a montré une ancienne paire de chaussures griffée Ines de la Fressange, c'est dire si il y a de belles choses dans la boutique !

Le must-have

→ Ici tout est unique, donc le must-have est celui qu'on veut absolument. Et chez Mamie, on veut beaucoup de trucs.

LA PHRASE

« Tous les créateurs viennent acheter de quoi s'inspirer ici. Regarde bien ces chaussures des années 1950, je te parie qu'on les verra dans un défilé la saison prochaine ! »

73 rue de Rochechouart, IXe
Tél. 01 42 81 10 42
www.mamie-vintage.com

L'ESPRIT UNIFORME ✱ Adresses à la mode

Au petit Matelot

LA PHRASE

« Je passerai peut-être l'adresse à Kate Moss. »

Le style

✱ C'est l'adresse que l'on a envie de garder pour soi, car peu de gens la connaissent et cela nous garantit de toujours trouver notre bonheur. Comme son nom l'indique, ce sont des vêtements de marins. C'est là que je trouve les casquettes bleu marine que je mets le matin quand je n'ai pas le temps de me coiffer. Et aussi l'été à la mer pour faire local !

Le must-have

⟶ La marinière à la coupe impeccable.

27 avenue de la Grande-Armée, XVIe
Tél. 01 45 00 15 51

Adresses à la mode ✱ L'ESPRIT UNIFORME

MODE IN PARIS

Doursoux

LA PHRASE

« Ne le répétez pas, mais les créateurs n'arrivent jamais à bien imiter ce style si parfait à l'origine ! »

Le style

✱ La mecque du vêtement militaire. Dès que le style *army* revient dans les tendances, c'est ici qu'il faut aller et nulle part ailleurs. Leurs pantalons de combat sont 100% d'origine, leurs blouses militaires imbattables du point de vue de la qualité et les montres d'homme sont à tomber.

Le must-have

→ Le caban, increvable.

3 passage Alexandre, XVe
Tél. 01 43 27 00 97
www.doursoux.com

8. Pariaienne virtuelle

MODE IN PARIS

Une Parisienne trouvera toujours le moyen d'aller faire du shopping rapidement, pendant l'heure du déjeuner… Et aussi juste avant d'aller se coucher. En nuisette, une souris dans la main, elle peut passer des heures sur le Net à cliquer sur des vêtements. Des boutiques ouvertes 24 heures sur 24, 7 jours sur 7, c'est cela le XXIe siècle. Voici la liste de tous les bons sites à surfer. À vos e-caddies !

jet-set attitude

→ La Parisienne aime les exclusivités. Cliquer sur des must-have qu'on ne trouve pas facilement dans la capitale est l'un de ses sports préférés.

www.victoriassecret.com

✳ Pour donner un peu de sexy à sa culotte Petit Bateau, la Parisienne commande des soutiens-gorge pigeonnants aux États-Unis.

www.topshop.com

✳ Plus besoin d'aller à Londres pour faire des razzias chez Top Shop ! On économise le billet de train qu'on réinvestit direct chez Topshop.com !

www.americanapparel.net

✳ Un incontournable du dressing. Des basiques (en coton bio « no logo »), certes, mais dans tous les coloris et toutes les formes, et pour toute la famille. On peut commander sur le Net pour avoir un plus grand choix, mais rien n'interdit d'aller dans les boutiques à Paris.

www.rondini.fr

✳ La Parisienne passe tout l'été en nu-pieds, de Paris à son lieu de vacances. Évidemment, le chic voudrait qu'on aille acheter ces sandales tropéziennes artisanales dans la boutique de Saint-Tropez avec Monsieur Rondini *himself* qui nous talque la chaussure avant qu'on l'essaie. Mais on n'a pas toutes un yacht sur le port, alors heureusement qu'une commande sur le Net peut nous sauver !

www.urbanoutfitters.com

✳ On y trouve des tee-shirts funky, des vêtements bobo et plein de petits accessoires kitscho-rigolos.

www.rustyzipper.com

✳ L'*e-temple* du vintage avec des milliers de pièces des années 1940 aux 1980. On parie que ce site est un vivier d'inspiration pour les créateurs !

MODE IN PARIS

E-bons plans

→ **Deux sites très gais pour se tenir informé des nouvelles manies parisiennes :**

www.doitinparis.com

Pour tout savoir du Paname à la mode et des adresses capitales de la capitale.

www.mylittleparis.com

Pour tous les petits snobismes qui sévissent dans la capitale et les bons plans mode.

www.shopbop.com

✱ Parce qu'on aime porter des griffes que personne ne connaît, c'est l'endroit idéal pour dénicher les nouvelles petites marques américaines. Il y a aussi les grands de la fashion avec plus de 100 étiquettes présentes sur le site.

www.abercrombie.com

✱ Pour le sportswear de tous les jours. Et surtout pour leurs débardeurs à la coupe impeccable.

Blog

blog.elle.fr/la-vraie-vie-de-fonelle/

Sophie Fontanel a des années d'avance sur tout. Elle flaire toutes les tendances et a un style bien à elle. Humour, intelligence, sensibilité, elle a tout ! Quand on la lit, on rit forcément. Je suis addict à ses chroniques. Elle est l'une des plus belles plumes que je connaisse.

Parisienne virtuelle

Bonnes e-combines

→ Dénicher des bonnes affaires, voilà tout ce qu'aime la Parisienne.

www.theoutnet.com

✱ Plus de 200 griffes ultrachic soldées jusqu'à 60%. Sans compter les ventes flash où l'on peut s'offrir un sac hautement griffé à un prix bien cassé.

www.yoox.com

✱ Un des sites pionniers dans la revente de vêtements des collections précédentes. Aujourd'hui, Yoox est un petit empire. On aime Yooxygen, la section dédiée à tout l'éco-design.

www.jeveuxlememe.fr

✱ On prend son vêtement préféré qui a un peu trop vieilli et on le fait refaire à l'identique. Magique!

MODE IN PARIS

Du chic à surfer

→ Pour rester connectée aux tendances, on surfe dans nos moments de libre sur ces sites chic.

www.net-a-porter.com

✶ Uniquement des griffes en vogue et certaines éditions limitées qu'on ne trouve que sur le site. La Parisienne va y lire le magazine en ligne, toujours en avance d'une tendance.

www.colette.fr

✶ Impossible de parler de Paris sans parler de Colette ! On y trouve tous les derniers « hits » qu'il faut connaître.

www.luisaviaroma.com

✶ Un multimarque italien où l'on va pour dénicher les exclusivités dessinées par des designers uniquement pour la boutique.

100 % PARISIENNE

www.lebazarparisien.com

On analyse les tendances parisiennes dans l'*e-magazine*, puis on commande en ligne ! Des petites griffes prisées par toutes les fashionistas de la capitale.

Je le veux, je l'aurai !

→ Quelle Parisienne n'a pas rêvé de posséder un incontournable siglé Hermès ?

Facile sur **www.hermes.com** : il suffit de télécharger l'objet du désir dessiné déplié, on l'imprime, puis on le construit avec de la colle et voilà ! À nous le Kelly ou le bracelet collier de chien… Bon il est en papier mais il est bien quand même !

PARTIE 2

La belle de Paris

1. Le bon sens « beauté »

Loin de passer des heures dans sa salle de bain, la Parisienne aime disserter sur la beauté. Elle n'est pas du genre à multiplier les masques et les crèmes de jour, mais se contente plutôt de suivre son bon sens. Et ces 10 conseils.

✱ **La Parisienne** peut, durant la journée, faire un raccord avec un coup de fond de teint compact qu'elle garde dans son sac. Mais il lui arrive d'oublier ce geste S.O.S. Finalement, c'est bien aussi de s'apercevoir le soir que son visage est fatigué. C'est la sonnette d'alarme et le signal qu'il faut aller se coucher.

✱ **Le plus important** en beauté ? Se démaquiller ! Même si on ne se maquille pas. Jamais de maquillage au lit, c'est in-ter-dit !

✱ **Ne pas mettre** de savon sur son visage, ni beaucoup d'eau. Plutôt une lotion, un lait. Celles qui pratiquent ce conseil depuis des années peuvent en témoigner : leur peau souffre moins de sécheresse.

✱ **Il n'y a rien de pire** que de se pomponner pour sortir. Ce n'est tellement pas moderne ! Mieux vaut être naturelle et fraîche le soir et maquillée le matin, c'est plus gai.

✱ **À 20 ans**, la Parisienne scrute son visage dans un miroir grossissant. Passé 50 ans, c'est fini. Mieux vaut regarder si on a une bonne allure, si l'ensemble est un peu rock. C'est important d'être un peu rock…

✱ **Ne pas utiliser de rose** sur vos lèvres. Le gloss transparent est toujours mieux.

✱ **Il y a certainement** de meilleurs shampooings que d'autres, mais la façon dont on sèche ses cheveux et ce qu'on mange est plus important que tout… Oups, on ne va plus me proposer de contrat vantant les mérites d'une marque de cosmétiques !

✱ **Il ne faut pas se ruiner** en crèmes de beauté, car le meilleur salon d'esthétique, c'est le dentiste. Un joli sourire, de belles dents font oublier tout le reste !

✱ **Éviter les nettoyages** de peau dans les instituts, c'est trop violent. C'est mieux d'aller marcher avec votre fiancé… chez Tiffany's (un endroit pas trop venteux, très bon pour la peau).

✱ **Il faut se maquiller tous les jours, même le week-end**, car ce n'est pas parce qu'on reste en famille qu'on doit être moche.

2. Les prix de beauté

Je choisis souvent les crèmes sur le *packaging*. J'aime que les objets utilisés tous les jours soient esthétiques. Je n'achète jamais un produit de maquillage dont l'emballage n'est pas beau. J'aime avoir de jolies boîtes et de beaux tubes dans ma salle de bain. Non seulement, ça décore, mais en plus, ça met de bonne humeur.

Les essentiels du vanity

→ On jette tout, on ne garde que ceux-là !

Le fard à paupières Serge Lutens
→ Le packaging est très joli et la texture se fond comme par magie.

Le gloss Chanel
→ Toujours plus frais qu'un rouge à lèvres.

La Crème de Huit Heures d'Elizabeth Arden
→ Un soin mythique qui circule en *backstage* des défilés.

La poudre bronzante hydratante Terracotta de Guerlain
→ On n'a pas encore trouvé plus efficace pour donner bonne mine. La bonne réplique ? « Non, je ne suis pas allée aux Bahamas, mais chez Guerlain ! »

L'INDISPENSABLE

La brosse à dents
Cela semble évident, mais je suis surprise de voir tellement de gens avec les dents jaunes.

à méditer
On est toujours mieux avec un peu de maquillage !

Le mascara Guerlain
→ Sans mascara, je suis comme un poisson mort. Les packaging sont de vraies sculptures. J'en ai un au bureau et un à la maison. Je l'applique uniquement sur les cils du haut. En bas, cela donne un air sévère.

Le fond de teint compact Chanel
→ À mettre dans son sac. Il faut unifier son teint. La plupart des femmes en ont besoin. Sans fond de teint, on n'est rien !

La crème Dior à l'abricot pour les ongles
→ J'en mets le soir avant de m'endormir. Les cuticules sont super hydratés. Cela remplace presque une manucure !

L'huile pour le corps de Neutrogena
→ Elle pénètre la peau instantanément sans la rendre grasse. Évidemment, elle laisse la peau douce. Évidemment, il vous le dira !

Ma routine en 10 minutes chrono

à méditer

COMPOSEZ TROIS TROUSSES DE MAKE-UP : une pour la maison, une pour votre sac et une pour votre bureau. Même si j'oublie toujours de me remaquiller durant la journée !

REMPLACEZ RÉGULIÈREMENT VOS PRODUITS : vous n'avez pas besoin de garder ce rouge à lèvres fuchsia que vous ne mettez plus, et votre trousse n'a pas besoin de ressembler à celle d'un maquilleur professionnel.

✳ **Se laver les cheveux chaque matin (ça aide à se réveiller).** Appliquer sur ses cheveux mouillés une mousse pour donner du volume ou une eau gonflante qu'on achète dans les supermarchés.

✳ **Je ne sors pas sans crème de jour !** J'achète les miennes en pharmacie, je change souvent de marque. Attention, il faut avoir la main légère, ça ne doit pas coller quand on embrasse ses amis.

✳ **Mettre du fond de teint liquide (en flacon-pompe, plus pratique quand on est pressé).** Je laisse mon fond de teint compact dans mon sac pour les retouches pendant la journée. Attention, ne pas appliquer le fond de teint compact avec une éponge, mais avec les doigts comme une crème, ça fait plus naturel.

⟶ **Pas de temps pour l'anticernes !**

✳ **Appliquer un fard à paupière en poudre mat avec un pinceau fin.** Pour moi, c'est plutôt dans les tons bruns, mais c'est comme vous voulez ! Une chose est sûre : plus la couleur est naturelle, plus c'est naturel…

⟶ **Si j'ai le temps, j'estompe un trait de crayon noir à la base des cils.**

⟶ **Appliquer de la poudre bronzante avec un gros pinceau.**

✳ **Appliquer du mascara uniquement sur les cils du haut.** Ça évite que ça bave au cours de la journée.

LA BELLE DE PARIS

Sélection de sillages

🖤 **Tous les dix ans, je change de parfum.** Je n'aime pas les parfums récents que je trouve souvent trop agressifs, je préfère ceux qui sont désuets.

🖤 **Quand on achète un parfum, il faut l'essayer sur sa peau et non sur les languettes de papier !** On peut faire un pré-choix sur languette, mais après il faut l'essayer dans le creux du poignet, sortir du magasin, vivre quelques heures avec et décider s'il mérite d'entrer dans notre salle de bain.

🖤 **Les parfums ne doivent pas être vus comme des vêtements tendances !** Même si certains deviennent des best-sellers auxquels on est sensé adhérer, il faut toujours vérifier que son parfum corresponde à sa personnalité. De toute façon, la Parisienne fuit toujours le sillage à la mode. Elle préfère s'attacher à un jus introuvable pour lequel elle traversera tout Paris !

🖤 **Ne jamais trop en mettre, ça file la migraine à ses amis.** Les bons points de contact : le cou et les poignets, mais aussi les chevilles et derrière les genoux si on veut sortir le grand jeu. Et toujours garder une bouteille de secours dans sa voiture !

Trois secrets de beauté

POUR DES CHEVEUX BRILLANTS
Trois cuillerées à soupe de vinaigre blanc diluées dans un bol d'eau puis réparties sur les cheveux mouillés après le shampooing, et hop, ça miroite sous les flashs !

BOIRE DU JUS DE CAROTTE
(c'est bon, donc on est heureuse, donc on est belle).

APPLIQUER DU DÉCELEUR DE TARTRE ROUGE (EN PHARMACIE) **SUR LES GENCIVES**
Cela rend les dents blanches.

3. Beauté éternelle

Mon maître absolu dans la vie s'appelle Julio Iglesias. On lui avait demandé s'il avait peur de vieillir et il a répondu : « Ma, j'ai déjà vieilli… » On craint plus les rides à 20 ans qu'à 50 ans.

LA BELLE DE PARIS

à méditer
Pour rester jeune,
il faut rester frivole !

Pour rester en beauté le plus longtemps possible, il faut :

⟶ Je ne fais pas attention à mes rides, je m'éloigne du miroir, c'est tout. Je penserai au Botox le jour où j'admirerai le résultat. Pour le moment, je trouve toujours cela raté. Et puis, il y a des avantages à vieillir : on sait boucler une valise au lieu d'en faire quatre. On apprécie le moment présent. On écoute les autres. On relativise. Cela ne veut pas dire qu'on doive laisser tomber sa beauté. Voici mes quelques petites astuces qui peuvent faire office d'élixir de longue vie.

✳ Être soignée.

✳ Sentir bon.

✳ Avoir de belles dents. Se les faire détartrer régulièrement (tous les six mois).

✳ Sourire.

✳ Être indulgente.

✳ Être désinvolte et oublier son âge.

✳ Être plus cool.

✳ Être moins égoïste.

✳ Être amoureuse d'un homme, d'un projet, d'une maison. Ça a un effet *lifting*.

✳ Faire les choses qui nous ressemblent. Ça apporte de la "zenitude".

✳ Accepter qu'il y ait des jours sans. Et profiter des jours avec !

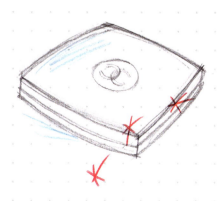

Et aussi :

✱ Bien hydrater sa peau.

✱ Se contenter simplement de mascara et oublier l'eye-liner.

✱ Préférer les fonds de teint un brin plus clairs que sa carnation. Ça donne de la douceur et atténue les zones d'ombre.

✱ Choisir un rouge à lèvres lumineux, voire préférer le gloss.

✱ Porter les ongles plutôt courts et ne pas zapper les manucures.

Pour être bien maquillée passé 50 ans

→ Si on maquille ses yeux, on laisse la peau pâle.

→ Il ne faut surtout pas briller, mais il ne faut pas non plus avoir l'air de s'être poudrée avec tout le poudrier.

→ Si les yeux sont naturels, on hâle la peau.

à méditer

Mieux vaut passer une heure à dormir ou à faire l'amour qu'aller chez un dermatologue pour se faire injecter du botox !

LA BELLE DE PARIS

À éviter à tout prix histoire de ne pas prendre 10 ans

● Commencer par se coller trop de fond de teint bien couvrant, surtout s'il est trop foncé façon « j'ai un abonnement dans une cabine à UV».

● Se maquiller à fond les yeux avec des fards à paupière nacrés… ça donne de l'éclat à ses ridules.

● Laisser son sourcil épais et ne pas entretenir sa ligne.

● Se poudrer à fond.

● Poser du *blush* brun dans le creux des pommettes.

● Ajouter un trait de contour des lèvres.

● Finir avec un rouge à lèvres un peu nacré vieil orange-bordeaux ou une nuance terne style « nude ».

… et voilà ! Vous êtes sûre d'avoir l'air beaucoup plus vieille que votre âge !

4. Beauty faux pas

Comme en mode, on peut se planter en beauté. Là, il n'est pas question de tendance mais d'harmonie avec son visage. Même si sur les podiums, les filles osent les faux cils bleus, les sourcils nude ou les blushs métalliques, nous, on est dans la vraie vie, sans flash, ni photographe, alors on ne fait pas sa maligne. Même si on est un top model… Que faut-il éviter pour ne pas passer pour une victime du make-up ?

✱ **Le blush** tout droit comme une peinture de guerre. La guerre, on ne la fait plus !

✱ **Les maquillages** nacrés, brillants, pailletés. Hors podium et hors papier glacé, c'est hors sujet.

✱ **Le make-up** assorti aux vêtements, ça fait fille qui réfléchit trop et qui finalement n'aurait pas dû… Mieux vaut se fier à son teint, ses yeux et à la couleur de ses cheveux.

✱ **Trop d'anticernes** + trop de fond de teint et on est terreuse.

✱ **Le fond de teint** appliqué à la va-vite sans aller jusqu'aux racines des cheveux. Ça fait comme un masque et vous serez vite démasquée !

✱ **Les sourcils trop épilés.** Après on est tentée de dessiner au crayon les poils qui manquent… et ce n'est franchement pas une bonne idée !

✱ **Trop d'eye-liner** et on fait raton laveur.

✱ **Un « smoky eye »** mal maîtrisé vous fait entrer dans la catégorie **« panda »**. Mieux vaut s'abstenir si on ne maîtrise pas le geste.

✱ **Le crayon** pour le contour des lèvres. Jamais très heureux. Surtout s'il est plus foncé que le rouge à lèvres.

✱ **Les poils** sous les bras. La Parisienne a toujours un bon budget « épilation » car, en général, le Parisien n'aime pas les poils.

✱ **L'ombre à paupière** bleue. Si vous cherchez le naturel, ce n'est pas la bonne direction !

✱ **La poudre pailletée** sur les yeux. Même les peaux les plus jeunes en prennent un coup !

✱ **Le mascara** sur les cils inférieurs. Ça durcit le regard et accentue les cernes.

✱ **Le gloss** en trop grande quantité. La bouche qui paraît collante, c'est moyennement seyant.

5. Belles adresses

Spas

Françoise Morice

C'est le salon pro par excellence. Françoise a des dons pour transformer notre peau et effacer toutes les traces de fatigue. Elle a aussi mis au point une technique – la kinéplastie – qui permet de préserver la jeunesse de la peau, de raffermir, de tonifier et de lisser les traits. Ça marche super bien ! Quand je suis ressortie de ce salon, j'ai juré que j'y reviendrais chaque semaine… Évidemment, je n'ai pas eu le temps de le faire !

58 bis rue François 1er, VIIIe
Tél. 01 42 56 14 08
www.francoise-morice.fr

LA BELLE DE PARIS

Six Senses

Ce spa très récent à la déco ultranature – les cabines sont des cocons de bois et le mur de l'entrée est végétal – n'est pas le premier de la chaîne qui en possède plusieurs dans le monde. Mais il attire les Parisiennes pour son soin si autochtone : le soin du visage au miel des toits de Paris ! Ce sont les petites abeilles citadines du Jardin des Tuileries qui fournissent ce miel récolté dans des ruches situées sur les toits du spa. Ça, c'est aussi Paris !

3 rue de Castiglione, Ier
Tél. 01 43 16 10 10
www.sixsenses.com

Nuxe

Toutes les Parisiennes possèdent au moins un produit Nuxe (l'*Huile Prodigieuse* est un must) acheté dans une pharmacie ou au supermarché (les Françaises adorent acheter leurs produits de beauté au supermarché !). Depuis que le spa a ouvert, c'est l'euphorie ! La déco en couleurs naturelles et les murs en pierres apparentes, c'est la zen attitude dès l'accueil.

32 rue Montorgueil, Ier
Tél. 01 42 36 65 65
www.nuxe.com

BLOG

www.thefrenchbeautyclub.com
La quintessence de la beauté vue par deux Parisiennes pur sucre. Elles donnent de bonnes recettes beauté, cherchent partout dans le monde des produits miracles et connaissent aussi toutes les bonnes adresses de la capitale pour se faire belle. Un must-clic !

Cheveux

Le Studio 34

Un endroit ultrachaleureux niché dans une petite cour pleine de plantes. C'est Delphine Courteille, une *hair designer* habituée aux backstages des défilés, qui a ouvert ce salon aux allures d'appartement. On y croise plein de *famous people*. Et si on veut toucher à sa couleur, on demande Jean, qui a travaillé longtemps avec Christophe Robin. Et qui avait gentiment accepté de me faire blonde alors que personne n'osait le faire !

34 rue du Mont-Thabor, Ier
Tél. 01 47 03 35 35
www.delphinecourteille.com

Très confidentiel/ Bernard Friboulet

Dans une déco blanche comme un labo, le coiffeur Bernard Friboulet – un artiste qui officie souvent en studio – propose les fabuleux soins *Shu Uemura Art of Hair*, conçus comme de véritables cérémonies semblables à celles du thé au Japon. À essayer de toute urgence !
Le bon point ? Bernard pose plein de questions avant de prendre ses ciseaux. Du coup, on est sûre de ne pas avoir de mauvaise surprise.

**Jardins du Palais Royal
44-45 galerie de Montpensier, I**er
Tél. 01 42 97 43 98

Romain Colors

Pour l'ultranaturel, c'est ici qu'il faut aller. Romain utilise des colorations végétales et travaille de façon très subtile. Il sait toujours donner de l'éclat aux bruns et sublimer les blonds avec quelques mèches bien pensées. Ses potions magiques font du bien aux cheveux. Le plus ? Quand il fait des balayages, il travaille de façon à ce qu'on ne voie pas la délimitation lors de la repousse. L'ambiance du salon est à l'image de son propriétaire : très sympathique. Si vous voulez couper vos cheveux, faites confiance aux coiffeurs du salon qui respectent la longueur de cheveux qu'on veut garder.

Le gros plus de Romain Colors ? Il est ouvert en nocturne le mercredi jusque très tard. Bref, courez !

37 rue Rousselet, VIIe
Tél. 01 42 73 24 19
www.romaincolors.fr

manucure express
Manucurist Refresh

Alors qu'elle est tout à fait capable de se faire une manucure à la maison, la Parisienne peut parfois décider de faire appel à une pro. Elle va sans rendez-vous chez Manucurist Refresh pour une manucure express de 15 minutes ou 30 minutes si elle a le temps.

42 place du Marché-Saint-Honoré, Ier
Tél. 01 42 61 03 81
www.manucurist.com

Belles adresses

Parfums

Les Salons du Palais Royal / Les parfums de Serge Lutens

Un endroit sublime. Les parfums de Serge Lutens ont tous énormément de personnalité. J'aime porter le très épicé *Ambre Sultan* en été. C'est un endroit idéal pour faire des cadeaux, puisqu'on peut faire graver des initiales sur les beaux flacons de parfum.
À essayer tout de suite : les adorables rouges à lèvres format mini, trop pratique pour mettre dans son sac.

**Jardin du Palais Royal
142 galerie de Valois, Ier
Tél. 01 49 27 09 09
www.salons-shiseido.com**

Guerlain

Mythique ! Guerlain est le symbole des parfums de luxe made in France. Monsieur Guerlain est toujours là et donne encore des idées pour les nouvelles fragrances. Ici, que des parfums cultes (*Mitsouko, Shalimar, Habit Rouge, Vétiver*) et ceux de la collection « La Parisienne », des rééditions de sillages du patrimoine de la maison. Sans oublier la fameuse poudre *Terracotta* qui permet de donner le teint hâlé à toutes les Parisiennes qui ne voient pas le soleil depuis leur bureau !

**68 avenue des Champs-Élysées, VIIIe
Tél. 01 45 62 52 57
www.guerlain.com**

LA BELLE DE PARIS

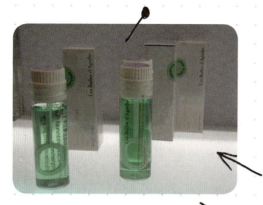

Maison Francis Kurkdjian

Un bel endroit pour des cadeaux parfumés : les eaux de cologne baptisées sobrement « pour le matin » et « pour le soir » sont délicieuses. Pour s'amuser (et amuser les enfants), on souffle des bulles de savon à la poire. Le chic absolu ? La lessive parfumée qui donne envie de laver ses pulls tous les jours.

5 rue d'Alger, Ier
Tél. 01 42 60 07 07
www.franciskurkdjian.com

Éditions de Parfums / Frédéric Malle

On y va pour toutes les créations originales concoctées par les plus grands nez du moment. De vraies œuvres d'art olfactives. Les parfums pour la maison sont irrésistibles !

37 rue de Grenelle, VIIe
Tél. 01 42 22 76 40
www.editionsdeparfums.com

Diptyque

Les Parisiennes sont dingues de leurs bougies, mais il ne faut pas oublier que Diptyque fait aussi des parfums très enivrants. Comme *Philosykos*, une senteur boisée et raffinée. Essayer aussi leurs produits de beauté : le *Lait Frais* à la fleur d'oranger est divin.

34 boulevard Saint-Germain, V^e
Tél. 01 43 26 77 44
www.diptyqueparis.com

PARTIE 3

La Parisienne d'intérieur

1. Style parisien

Comment donner du style à un appartement ? En suivant un fil conducteur ! Il peut être fondé sur des couleurs, un genre, une époque… Faire son cahier de tendances, en découpant des photos dans des magazines, voilà comment trouver l'esprit de sa déco.

LA PARISIENNE D'INTÉRIEUR

→ J'aime changer de déco. Mon appartement précédent était plutôt empreint de tradition et bourré de bibelots, mon appartement actuel est plutôt design dans un esprit épuré. Il est bien de changer régulièrement, c'est ce qu'on peut appeler des « liftings déco ». Voir ses meubles vieillir avec soi, il n'y a rien de plus déprimant ! Évidemment, nul besoin de tout changer et de faire de grands travaux. Il suffit de quelques petites astuces – comme une première dame qui investit l'Élysée et ajoute ses éléments de déco – pour styler son appartement à moindre frais :

La décoration doit refléter notre personnalité.

Je suis un peu schizophrène : j'aime le zen mais aussi le folklorique. Il ne faut pas aborder la décoration de son appartement comme un plateau de cinéma : on ne reconstitue pas un décor d'époque et on ne fait pas attention aux anachronismes. Comme en mode, mixez les styles. Et mixez le cheap et le chic. Des meubles IKEA avec des meubles de designers ou des meubles trouvés aux puces, pourquoi pas ? Cela ne me pose aucun problème de placer un canapé IKEA à côté de lampes de designers des années 1960 et d'une bibliothèque chinée aux puces que j'ai fait repeindre. Le maître mot : pas de total-look en déco !

Pour qu'un endroit reste charmant, il ne faut pas trop le réformer.

Comme en mode, on respecte le style d'une femme, en déco, on respecte le style de l'endroit. Peindre les moulures du plafond d'un appartement ancien en rose si le funky est notre truc est une solution (détruire les moulures est un crime dans Paris intra-muros) !

Style parisien

Mettez tout en boîtes !

La solution pour les petites surfaces. La Parisienne n'hésite pas à les accumuler. Collectionnez les boîtes en zinc (www.muji.com) et posez-les sur des étagères. Elles forment une sorte de colonne et chacune est étiquetée : bougies, cirage, piles, ampoules, couture… C'est idéal pour trouver les choses rapidement.

Fabriquez vos œuvres d'art.

Pourquoi penser que l'on doit absolument payer des millions pour avoir de l'art chez soi ? Encadrez les dessins préférés de vos enfants sous verre entouré d'une bordure de papier kraft couleur argent. Tous les dessins d'enfants de moins de 10 ans m'émeuvent. Ils ont le talent de la liberté, une espèce de génie qu'ils perdent en apprenant. Je donne aux enfants des feuilles de papier kraft et des fusains et ils me font des chefs d'œuvre que je n'ai plus qu'à encadrer ! Pour les objets (genre des souliers en papier ou une poupée qu'on veut immortaliser), je les mets dans des boîtes en Plexi faites sur mesure (Chez Gypel, cf. Adresses déco, p. 157). Et puis pour tout papier qu'on veut rendre important, les cadres en plexi magnétiques (Muji) sublimeront même un message écrit rapidement sur une nappe en papier. Pareil pour des photos que vous aimez dans des magazines : découpez-les et encadrez-les. Il n'y a pas d'art mineur !

LA PARISIENNE D'INTÉRIEUR

Côté cuisine

RANGEZ VOS USTENSILES DE CUISINE DANS DES VASES

C'est toujours intéressant de détourner des objets. Comme en mode, décaler est fortement recommandé.

SURPRENEZ AVEC LA VAISSELLE

Je suis fan des assiettes carrées avec bords arrondis. Comme la table de ma cuisine. Ce n'est pas facile à trouver, mais c'est plus original que les rondes ou les carrées !

Placez des bougies parfumées dans chaque pièce.

L'odeur est tout aussi importante que de jolis meubles. On les allume dès qu'on entre à la maison, même si la nuit n'est pas tombée !

Cachez tout ce qui fait moche.

Genre si votre imprimante fait grise mine, mettez-la dans le placard !

Pensez blanc.

Même si j'ai osé le mur rose vif dans mon bureau (ça crée une super lumière et donne un joli teint à tout le monde !), pour des appartements de petite surface, je recommande le blanc. D'une manière générale, si on hésite entre deux couleurs, mieux vaut choisir le blanc. Pour donner un côté loft à un petit appartement, misez tout sur le choix des couleurs : une gamme de gris, du beige, du kaki et quelques touches de noir. Quoi qu'il en soit, si on est vraiment dans une période bleue, rose ou verte, on peut tenter l'expérience du mur de couleur. Au pire, on changera la couleur quelques mois après !

Style parisien

Dans la salle de bain

FAITES SOBRE CÔTÉ SERVIETTES DE BAIN

Dans le magasin, il arrive qu'on s'extasie sur le turquoise d'une serviette qui évoque la couleur d'un lagon dans lequel on aimerait bien plonger. Mais attention, une fois chez vous, elle ne s'accordera pas forcément avec votre carrelage (je vous déconseille fortement le carrelage turquoise !). Bref, restez concentrée sur une ou deux couleurs. Toutes les serviettes de ma salle de bain sont noires et blanches. Je les commande sur le site AMPM de la Redoute (www.ampm.fr). On ne s'en lasse pas et on peut toujours en acheter si certaines serviettes fatiguent (je ne suis pas sûre que le turquoise lagon soit forcément reconduit d'une année à l'autre).

Faites simple côté tringles à rideaux.

Une seule barre en fer forgé vaut mieux que n'importe quelle tringle qui imite celles qu'utilisait le dernier roi de France. Si vous voulez vraiment faire très simple, ne mettez pas de rideaux !

Faites simple en luminaire.

Plutôt que de chercher des lampes tarabiscotées, des spots tout simples permettent d'y voir plus clair. Une seule lampe un peu originale apportera le style.

HABILLEZ VOTRE SAVON

Plutôt que de garder les flacons à pompes immondes avec la marque écrite en flashy, mettez le liquide dans des flacons unis. Pareil pour les mouchoirs, camouflez-les dans des boîtes adaptées à votre déco.

LA PARISIENNE D'INTÉRIEUR

Faites un "déco statement" avec une chaise ou un fauteuil.

C'est un peu comme les accessoires en mode. Ça peut donner le ton d'une déco épurée. On peut aussi faire un « statement » avec une lampe. N'hésitez pas à investir pour donner le ton de la décoration, c'est toujours efficace.

Exposez vos fruits.

Quand il y a trop d'oranges ou de pommes dans la corbeille de fruits, on peut les mettre dans des vases transparents. Ça dépanne et ça décore.

Couvrez les divans du salon avec des tissus.

Les deux avantages ? Cela empêche que les canapés vieillissent trop vite (j'ai des chiens !) et on peut changer sa déco facilement sans trop dépenser (c'est toujours cher un canapé !).

Ajoutez un peu d'humour.

Avec des gobelets en verre, copie de gobelets en plastique (on en trouve à la Galerie Sentou, cf. Adresses déco, p. 156). C'est toujours bien d'avoir quelque chose qui détonne !

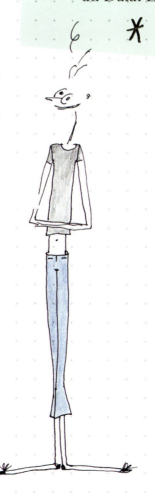

Disposez partout dans la maison le livre ***L'art de la simplicité*** de Dominique Loreau, ma bible qui fait l'apologie du zen dans la vie. Et aussi ***L'art du bonheur*** du Dalaï Lama.

Style parisien

Débarrassez-vous du superflu.

Cela ne coûte rien et ça fait tellement plus chic un appartement qui ne croule pas sous les objets inutiles prenant la poussière ! De plus, je vous le promets : ça fait beaucoup de bien de se séparer d'objets qui n'ont finalement pas une si grande importance. Je n'ai plus du tout envie d'accumuler les bibelots que j'aimais dénicher dans les marchés aux puces. Le plus difficile est de réussir à faire un mini fouillis chaleureux qui contrebalancera l'ambiance épurée de votre déco. Si vous voulez faire luxe, rappelez-vous que ce ne doit jamais être guindé. Un doudou usé encadré dans une boîte en plexiglas au centre de votre salon devrait faire l'affaire !

LA RÈGLE D'OR D'UN PETIT ESPACE

Pour être vivable, un petit espace ne peut être que rangé ! Même si mon appartement fait 70 m² (ce qui peut être considéré comme grand en plein centre de Paris !), je ne suis pas seule à l'habiter ! Du coup, il faut trouver le maximum de rangements et utiliser tout espace vide (des placards sous les murs mansardés, sous le lit, sous les escaliers, etc.). Trouver une double fonction aux rangements est l'objectif à atteindre : par exemple, j'ai réussi à caser la nourriture de mes chiens dans un coffre qui sert d'assise.

LA PARISIENNE D'INTÉRIEUR

Flower power

→ **Les bouquets moches, ça existe ! On est sûre de ne pas se tromper si :**

✳ On met des orchidées blanches, les fleurs favorites des fans de design.

✳ On choisit une longue fleur de couleur pivoine par exemple que l'on met toute seule dans un vase façon éprouvette. Et on multiplie la formule.

✳ Avec un bouquet blanc, on est sûre de ne jamais être à côté de la plaque.

✳ On n'hésite jamais à faire entrer des plantes dans la maison. Surtout si on choisit un pot noir ou en zinc.

On évite :

✳ Tous les bouquets qui mélangent les fleurs de couleurs. Comme en mode, c'est trois couleurs maxi et encore : la troisième couleur, c'est blanc !

✳ Les fleurs interdites : les chrysanthèmes (stars des cimetières).

✳ Les très longues fleurs. On n'a jamais de vase qui convienne aux longues tiges.

On customise :

✳ Si le bouquet est vraiment laid, on le divise en plusieurs bouquets, et on arrive toujours à faire quelque chose de sympa !

2. Déco dressing

Une penderie bien ordonnée peut apporter une nouvelle façon de voir la vie.
Dans les petits appartements parisiens, pas facile d'organiser son dressing.
Je ne vais pas vous dire de tout jeter par manque de place. On arrive toujours à se débrouiller (même si franchement, pensez-vous remettre ce pull en mohair que vous n'avez pas porté depuis 1982 ?).
Voici 6 idées pour ranger sa penderie.

Sachez "éditer"

✱ Un terme bien plus pro – et plus classe – que « jeter ». Mais qui signifie exactement la même chose : tout ce qui est en mauvais état et qu'on n'a pas porté depuis des lustres, on jette. Si, lorsqu'on regarde le vêtement, on n'a pas une envie imminente de le porter, on jette aussi. En cas de doute, on pense à une amie dont on admire le style et on se dit : « Est-ce qu'elle le porterait ? » Si la réponse est « non », on édite dans la case « poubelle » ou, encore mieux, on donne à Emmaüs !

Groupez vos vêtements en catégories !

✱ Les pantalons avec les pantalons, les tee-shirts ensemble, les pulls à part, etc. Séparez les vêtements en saisons. Si vraiment vous voulez faire du bon travail, classez-les par couleur ! C'est plus gai quand on ouvre son armoire.

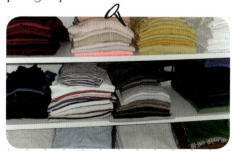

Investissez dans un même type de cintres

✱ Comme ceux en plastique noir ou blanc de chez IKEA qui ne prennent pas de place et sur lesquels on peut pendre beaucoup de choses. Une unité apporte de la clarté.

Placez tous vos vêtements au premier rang !

✱ Pas toujours facile à faire, mais si vous ne les voyez pas, vous ne les porterez pas !

Organisez vos bijoux et vos accessoires

✱ Dans des boîtes en plexi avec tiroirs (Muji), c'est très facile de choisir quand on voit tout.

Photographiez vos chaussures

✱ Le must est de prendre avec un appareil photo Polaroïd ses chaussures en photo et de les coller ensuite sur une boîte dans laquelle on conservera soigneusement ses chaussures. Empilez les boîtes comme dans une boutique. La version moins « placard de star » : photographiez vos chaussures avec votre appareil numérique, imprimez les photos et collez-les sur le devant d'une boîte où vous mettrez vos chaussures (elles peuvent être ainsi plusieurs par boîte).

3. Adresses déco

LA PARISIENNE D'INTÉRIEUR

Le top du concept-store solidaire

Merci

Un choix inédit. Sur 1500 m² sont installés à la fois des objets précieux (certains meubles) et des objets plus ordinaires (des accessoires pour la cuisine astucieux et design).
Des vêtements créés exclusivement pour Merci par des créateurs, mais aussi des crayons de toutes les couleurs et des cahiers vintage.
On y trouve une petite mercerie et aussi une quincaillerie. Des bijoux et un laboratoire de parfum (Goutal). Et même un fleuriste.
C'est hétéroclite comme on aime. Quand on veut faire une pause, on va au restaurant du rez-de-chaussée pour manger une délicieuse salade et des cakes pour lesquels on se relèverait la nuit. Tous les bénéfices sont reversés à un fond de dotation dédié aux enfants défavorisés. À votre bon cœur *shoppingista* ! Et merci qui ? Merci Merci !

11 boulevard Beaumarchais, IIIe
Tél. 01 42 77 00 33
www.merci-merci.com

Adresses déco Merci

LA PARISIENNE D'INTÉRIEUR

e-deco

www.ampm.fr
Le site déco de la Redoute.
Pour les draps en lin lavé et
les serviettes de bain, que je choisis
noires. Pour les meubles aussi,
ça vaut le clic de souris !

www.madeindesign.com
C'est le site à enregistrer tout de suite
dans ses favoris. Il est ultra-complet
avec toutes les gammes de prix.
Le must-have absolu ?
La chaise *Luxembourg* du designer
Frédéric Sofia pour Fermob,
la même que celles qui trônent
dans le jardin du Luxembourg.

www.fab.com
L'achat en ligne sans intermédiaire.
Des meubles à prix d'usine.
Deux façons d'acheter : on peut voter
pour les prochaines collections
ou acheter un produit d'une édition
limitée. Les usines – souvent basées
en Chine – vous livrent directement,
mais en plusieurs mois. C'est cela
le prix à payer pour ne pas trop
dépenser !

www.atylia.fr
Pour faire de petits cadeaux stylés,
c'est l'*e-adresse* idéale.

Adresses déco

Le top des lampes vintage

Complément d'objet

Vous me remercierez à vie de vous donner cette adresse. Plus qu'un complément, c'est essentiel.
On y trouve toutes sortes de lampes. Des lampes mythiques, des lampes rarissimes, des lampes qui nous rappellent notre enfance. Cela va des années 1930 aux années 1990 avec beaucoup de choses des années 1960. Une vraie caverne d'Ali Baba… mais avec la lumière !

11 rue Jean-Pierre-Timbaud, XIe
Tél. 01 43 57 09 28
www.complementdobjet.com

LA PARISIENNE D'INTÉRIEUR

Le top des radiateurs

WorldStyle Design

Ok, des radiateurs n'ont jamais vraiment déchaîné les foules. Mais ceux-ci déchaînent la Parisienne, car ils sont tous très stylés. Une adresse à bien noter, car des radiateurs design, ça ne court pas les rues !

203 bis boulevard Saint-Germain, VIIe
Tél. 01 40 26 92 80
www.worldstyle.com

Le top du bric-à-brac

Hétéroclite

Quand on entre dans cette échoppe, on a l'impression de pénétrer dans une autre dimension. Le fouillis vraiment charmant chiné par la sympathique Dominique nous plonge dans un pays des merveilles où celui qui cherche bien trouve forcément. Beaucoup de meubles, des bijoux au supplément d'âme, des joujoux pour petits et plein d'objets venus d'antan. Une vraie brocante comme on l'imagine.

111 rue de Vaugirard, VIe
Tel. 01 45 48 44 51

Adresses déco

LA PARISIENNE D'INTÉRIEUR

Le top des canapés

Caravane Chambre 19

La boutique sans laquelle je ne pourrais pas vivre ! Imbattable sur le design des canapés, Caravane a aussi une foule d'autres meubles et objets de déco qui vous rendent accro à ce style exotico-parisien-contemporain. Dans le XIIe arrondissement, il y a deux boutiques : l'une avec des petits objets, de la vaisselle et des tissus et l'autre avec des meubles et l'univers du repos. C'est l'endroit que j'aime le plus au monde pour la décoration et la maison. C'est normal, il a été créé par Françoise Dorget, une grande dame de la décoration. Tous les mélanges sont absolument raffinés. On peut venir ici s'inspirer et faire tout pareil chez soi. Je ne me lasse pas des tissus magnifiques qu'on peut déposer sur ses canapés. Le best-seller Caravane ? Le canapé *Thala* dont la housse est amovible. Une fois qu'on s'assied dedans, on veut y rester toute sa vie. Un lieu dépaysant, cosmopolite, urbain et en même temps tellement parisien !

• 19 et 22 rue Saint-Nicolas, XIIe
Tél. 01 53 02 96 96
• 6 rue Pavée, IVe
Tél. 01 44 61 04 20
www.caravane.fr

Adresses déco

Le top des boîtes de rangement
Muji

Oui, c'est japonais, mais ce style si pur se fond vraiment partout. J'ai la *boîtomania* : je les collectionne, les empile et les disperse partout dans l'appartement. Évidemment que je mets des choses dedans ! C'est le paradis du meuble de rangement. Tout est sobre, transparent, blanc, en osier ou en acier, bref, on ne peut pas se tromper !

30 rue Saint-Sulpice, VIe
Tél. 01 44 07 37 30
www.muji.fr

Le top des "déco statements"
Galerie Sentou

Du design comme j'aime. On y trouve à la fois de belles pièces et une multitude d'idées de petits cadeaux sympas. Tsé & Tsé, Roger Tallon mais aussi toutes les créations siglées Sentou qui font souvent la différence et se fondent bien dans toutes les déco.

• 26 boulevard Raspail, VIIe
Tél. 01 45 49 00 05
• 29 rue François-Miron, IVe
Tél. 01 42 78 50 60
www.sentou.fr

LA PARISIENNE D'INTÉRIEUR

Le top pour les meubles chic et fun

Maison Darré

Vincent Darré est l'un de mes chouchous qui a travaillé dans la mode avant de se lancer dans l'aventure du meuble artistique. Il est ultra créatif. Sa boutique est un laboratoire insolite où les objets et les meubles mélangent rigueur et exubérance. Comme la chaise *Vertèbres* qui a le dossier en vertèbres ou le *Bureau des vanités* avec des pieds en os. Irrésistiblement amusant.

32 rue Mont-Thabor, Ier
Tél. 01 42 60 27 97
www.maisondarre.com

Le top des encadrements

Gypel

Cet encadreur met en valeur n'importe quel objet, photo ou tableau. Il a toujours de bonnes idées et réalise ce que vous voulez. Un must en déco.

9 rue Jean-Jacques-Rousseau, Ier
Tél. 01 42 36 15 79

Adresse déco

LA PARISIENNE D'INTÉRIEUR

Le top de l'antique nostalgique

Mamie Gâteaux

Atmosphère nostalgique dans cette brocante où les objets sont teintés de l'enfance des années 1950. Juste à côté se tient la boutique où tout est du bon goût « épuré-authentique » de la propriétaire japonaise (Mariko qui tient boutique avec son mari Hervé): paniers en osier, bols en porcelaine simplissimes, sacs en lin. Dans le salon de thé juste un peu plus loin, on peut déguster les gâteaux faits maison de Mariko (pâtissière de formation) auxquels on ne peut résister. On vous aura prévenus !

66–68–70 rue du Cherche-Midi, VIe
Tel.: 01 45 44 36 63 et 01 42 22 32 15

Adressez déco

Le top pour les albums photo

Bookbinders Design

Un album photo noir sur lequel on peut faire inscrire un nom ou une année en couleur argent est forcément chic. À noter aussi : les classeurs pour ranger les DVD sont la meilleure façon d'avoir du style dans un appartement qui manque de place.

130 rue du Bac, VIIe
Tél. 01 42 22 73 66
www.bookbindersdesign.com

LA PARISIENNE D'INTÉRIEUR

Le top pour les designers européens

The Collection

Une boutique de décoration qui fait la part belle aux designers européens. Attardez-vous sur les éditions spéciales faites uniquement pour la boutique. Mais il y a aussi les papiers peints de Tracy Kendall, le tapis *Brocante de Salon* par Atelier Blink ou encore la frise autocollante d'Émilie Rabiller sur laquelle on peut écrire et effacer des messages… On devient vite fan de tout. Et surtout de cette atmosphère design très poétique.

33 rue de Poitou, IIIe
Tél. 01 42 77 04 20
www.thecollection.fr

Adresses déco

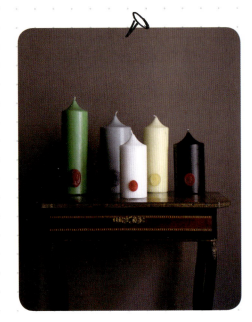

Le top pour les bougies

Cire Trudon

Le plus ancien fabricant de bougies au monde sur lequel veille le directeur artistique très talentueux Ramdane Touhami. Une Trudon, c'est l'équivalent d'un sac Hermès, mais en bougie. On offrira à son amie *L'admirable*, une senteur d'eaux de Cologne irrésistible. Et on lui dira : « Une "it bougie", c'est bien plus mystique qu'un "it bag" ! »

78 rue de Seine, VIe
Tél. 01 43 26 46 50
www.ciretrudon.com

LA PARISIENNE D'INTÉRIEUR

Le top 5 des fleuristes

ARÔM PARIS

Des bouquets ultra-créatifs.
La maison fait souvent la déco
de soirées très fashion.

196 rue du Faubourg Saint-Antoine, XIIe
Tél. 01 40 09 91 38
www.aromparis.fr

ODORANTES

Ultra-moderne. On aime leur
emballage noir qui apporte tout
de suite de la profondeur au plus frais
des bouquets.

9 rue Madame, VIe
Tél. 01 42 84 03 00
www.odorantes-paris.com

LACHAUME

L'esprit haute couture
d'arrangements ultra raffinés.

10 rue Royale, VIIIe
Tél. 01 42 60 59 74
www.lachaume-fleurs.com

MOULIÉ

La vraie tradition française. Moulié
est connu pour être le fournisseur
des ministères, des ambassades
et des grands couturiers.

8 place du Palais-Bourbon, VIIe
Tél. 01 45 51 78 43
www.mouliefleurs.com

ROSES COSTES DANI ROSES

Des roses sublimes et spéciales
créées par Dani, une vraie Parisienne
et une artiste admirable.

239 rue Saint-Honoré, Ier
Tél. 01 42 44 50 09

Adresses déco

Galeries chic

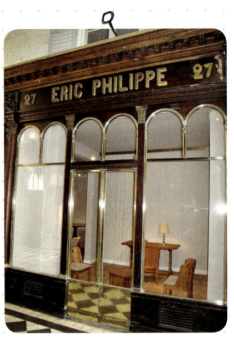

Éric Philippe

C'est dans l'un des plus beaux passages de Paris que s'est installé Éric Philippe. Expert en meubles du XXᵉ siècle, il est spécialisé dans le design scandinave des années 1920 aux années 1980. On y trouve aussi des designers américains des années 1950. C'est pur, c'est beau, c'est tout ce que j'aime. Et si vous voulez qu'Éric vienne faire un tour chez vous pour vous conseiller sur le choix de meubles, il suffit de le lui demander !

25 galerie Véro-Dodat, Iᵉʳ
Tél. 01 42 33 28 26
www.ericphilippe.com

Galerie du Passage

Juste en face de la galerie d'Éric Philippe, cette galerie vient de fêter ses 20 ans d'exposition. Pierre Passebon, le maître des lieux, est connu dans le monde entier pour sa superbe sélection de mobilier et d'objets du XXe siècle à nos jours. Dans la galerie, il y a toujours une exposition qui vaut le détour. On verra bien si vous avez la force de ressortir sans avoir craqué pour l'un des objets du désir qui trônent dans ce lieu chaleureux.

20-26 galerie Véro-Dodat, Ier
Tél. 01 42 36 01 13
www.galeriedupassage.com

Art Up Deco

Des œuvres d'art à partir de 60 euros ! Le concept est séduisant. J'y ai acheté récemment deux superbes tableaux. Ce sont deux œuvres de jeunes peintres inconnus vendues pas cher et comme dans un Franprix. L'avenir de l'art ?

39 boulevard Malesherbes, VIIIe
Tél. 01 43 36 47 95
www.artupdeco.com

PARTIE 4

Paname food

1. Dîner de Parisienne

Tout le monde pense que je donne des dîners très raffinés où j'invite le Tout-Paris. Mais ce n'est pas du tout mon genre. D'ailleurs, quand j'invite chez moi, c'est surtout pour voir mes amis et pas pour passer toute la soirée aux fourneaux ! Que faire quand on décide d'organiser un dîner à la Parisienne moderne ? Voici mon rétro-planning.

PANAME FOOD

H – 2 h

⟶ Je rentre en courant chez moi après une journée de travail. En général, je ne me suis pas du tout préoccupé des courses. J'ai juste eu le temps de passer acheter un poulet. Je n'ai rien à me mettre pour le soir. Les journaux et le bazar des enfants sont entassés dans le salon.

H – 1 h 30

⟶ Je mets le poulet dans un fait-tout avec ce que je trouve dans ma cuisine : des tomates pelées, des oignons, plein d'épices différentes (curry, coriandre, thym…) et je fais cuire le tout à feu doux. Pendant que le poulet cuit, je range. Et je peux prendre un bain.

H – 1 h

⟶ Je demande aux enfants de s'occuper de la décoration de la table, ils ont toujours des idées créatives. Je mets une nappe de couleur (le bleu marine fait toujours bonne impression) et les enfants s'occupent du reste ! Ils peuvent décider de mettre des assiettes en plastique noir et n'importe quelle porcelaine blanche et on pensera que c'est du raffinement total. Si en plus, ils prennent l'initiative de faire des cocottes en papier qu'ils disposent sur la table, on trouvera cela complètement arty.

H – 30 min

⟶ Avant, je pensais qu'il fallait proposer toutes sortes d'alcool en apéritif. Mais finalement, si vous avez du vin rouge et du vin blanc, ça suffit, vous contenterez tout le monde. Et vous tenez toute la soirée. Et pour ceux qui ne boivent pas d'alcool, de l'eau et des jus, et le tour est joué !

Heure H

→ Quand les invités arrivent, je leur propose des bâtonnets de sésame disposés dans un verre pour la touche déco. Et des petites tomates et des mini légumes (aussi dans un verre). L'essentiel étant quand même d'essayer d'affamer vos convives avant de passer à table. J'ai remarqué que plus on attendait pour passer à table, plus les gens trouvaient le repas délicieux.

H + 1 h 30

→ Il est temps de cuire le riz basmati, la touche raffinée de la soirée. À ce moment-là, les invités commencent à s'impatienter et crient famine.

H + 2 h

→ Les invités ont les crocs, ils se jettent sur leurs assiettes. Et ils adorent ce poulet « à quoi, déjà ? ». Avec les années, je me suis rendu compte d'une chose : les gens ne viennent pas chez vous pour manger. Ils viennent chez vous pour vous voir, pas pour faire un repas gastronomique. Il y a assez de chefs pour cela ! Et on n'est pas là pour démontrer qu'on est un cordon bleu. Un des dîners les plus sympathiques auxquels j'ai été invitée dernièrement a été celui où le maître de maison m'a demandé : « Tu la veux avec quels ingrédients ta pizza ? » Il posait cette question à chacun avant de passer commande au resto italien à côté de chez lui. Il a tout compris : on était ravis avec nos pizzas et il a pu passer une soirée tranquille avec nous. Ce n'est tellement pas moderne de passer sa soirée devant son four. Si vraiment on tient à jouer les Ducasse, il faut préparer le maximum de choses à l'avance !

H + 3 h

→ Pour le dessert, il faut toujours surprendre avec un truc un peu rigolo. J'aime bien servir de la mousse au chocolat dans de petites casseroles en alu, comme une dinette de poupée. Ou alors, pour servir de la bonne glace – que j'achète bien sûr – je fais des boules que je dépose dans des cornets en biscuit. Ça rend tout plus sympathique ! Finalement, comme en mode et en déco : *less is more*, et ne pas trop en faire garantit une ambiance relax. Je suis prête à parier que des armées de femmes esclaves de l'ancien code du savoir-vivre vont vite adhérer à cette façon de recevoir… bien plus gaie que les dîners guindés !

PANAME FOOD

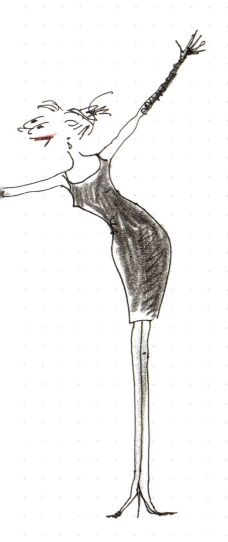

COMME UN CHEF !

Évidemment, on ne pourra pas refaire la même recette dix fois de suite aux mêmes amis ! Si comme moi, votre seule recette est celle du poulet dans le fait-tout ou les pâtes (c'est facile : tout est écrit sur la boîte !), vous pouvez vous inscrire à un cours de cuisine pour apprendre des recettes sympas et faciles. C'est bien aussi rien que pour varier des sushis livrés à la maison ou du café en bas de chez soi qui fait cantine. Mon adresse ? *L'atelier de Fred*. Le chef est sympa, les recettes savoureuses et l'endroit hyper charmant. Un cours de cuisine peut aussi être un beau cadeau pour une copine qui fait des poulets chaque fois qu'elle vous invite !

●

L'atelier de Fred
Passage de l'Ancre
223 rue Saint-Martin, IIIe
Tél. 01 40 29 46 04
www.latelierdefred.com

2. Shopping pauses

Ce n'est pas parce que la Parisienne fait du 36 (enfin, j'en connais qui font du 40, je vous rassure!) qu'elle saute le déjeuner pour shopper comme une forcenée. S'arrêter pour grignoter une salade, ça fait partie de sa croisade!

Bread & Roses

Il existait déjà un Bread & Roses dans le VIe (7 rue de Fleurus), donc évidemment, quand celui-ci est arrivé début 2010 tout près de mon bureau, c'est devenu ma nouvelle cantine. Les quiches, tartines de chèvre frais, tartes feuilletées à la tomate et mozzarella buffala ainsi que les salades à midi sont excellentes. Le pain bio aux céréales est un divin délice. Je ne vous parle même pas des pâtisseries (mont-blanc, cheesecake, millefeuille). Si l'envie vous venait de vouloir du pain bio au bureau, vous pouvez en acheter au fond du restaurant. Biotiful !

25 rue Boissy d'Anglas, VIIIe
Tél. 01 47 42 40 00
www.breadandroses.fr

Emporio Armani Caffè

Au-dessus de la boutique Armani. Et aussi en terrasse. Chiquissime comme le style du designer italien. Le meilleur Vitello tonnato de Paris !

149 boulevard Saint-Germain, VIe
Tél. 01 45 48 62 15

Shopping pauses

Jour

Le temple de la salade sur mesure. On choisit sa salade, puis les ingrédients qu'on veut mettre dedans, et la sauce : 6 bases, 42 *toppings* et 8 sauces, soit 365 créations possibles. Consultez le site Internet avant votre virée shopping : il y a une dizaine de restaurants Jour dans Paris !

13 boulevard de Malesherbes, VIIIe
Tél. 01 40 07 06 68
www.jour.fr

Ralph's

Ralph Lauren a bien fait de choisir la Rive Gauche pour ouvrir son plus grand *flagship* européen à Paris. Cet hôtel particulier du XVIIe est entièrement consacré aux créations de ce *king* du style sportswear aux USA. Le clou du spectacle ? La cour arborée du restaurant Ralph's. Crabcake ou burger, on est à Paris, mais on mange américain. On vous l'a déjà dit : la Parisienne aime décaler.

173 boulevard Saint-Germain, VIe
Tél. 01 44 77 76 00
www.ralphlauren.com

Cojean

Le sandwich sain, c'est possible ! Dans ce fast-food très bon pour la santé, les minis sandwichs dans les pains briochés sont à tomber. Les soupes sont 100% végétariennes. Les quiches ultra fraîches. Et on pourrait boire leurs jus de fruits pressés ou mixés minute toute la journée !

6 rue de Sèze, IXe
Tél. 01 40 06 08 80
www.cojean.fr

Rose Bakery

C'est une adresse qui se mérite : si on ne connaît pas, difficile de trouver cette épicerie, restaurant pour le déjeuner et salon de thé. Une atmosphère très nature où tout est bio et très frais. Cakes, jus de fruit, salades, c'est bien pour se faire du bien.

30 rue Debelleyme, IIIe
Tél. 01 49 96 54 01

Le Water-Bar de Colette

Le parcours de la Parisienne passe forcément par la boutique Colette. Après avoir scanné la boutique pour prendre connaissance de toutes les tendances qu'il faut connaître, on descend au sous-sol pour déjeuner. Et on apprécie la fashion food comme les lasagnes végétariennes et les desserts préparés par des chefs très en vue. Le tout arrosé d'une eau trendy. Et voilà comment être à la mode rien qu'en déjeunant !

213 rue Saint-Honoré, Ier
Tél. 01 55 35 33 90
www.colette.fr

3. Very Paris

L'esprit de Paris, c'est ici !
Même si elle mange souvent des sushis
comme dans *Sex and the City*,
c'est dans ces bistrots et restos
que la Parisienne vient avec ses copines
disserter sur Bardot et Beauvoir.
« Best of » des adresses 100 % parisiennes.

Le Café de Flore

L'esprit du Flore

→ Le Flore est totalement associé à Paris, c'est presque un cliché. C'est aussi le cœur de Saint-Germain-des-Prés, donc une mentalité. Il évoque les existentialistes, Jean-Paul Sartre, Françoise Sagan, Boris Vian, Miles Davis, mais surtout un esprit français : rebelle, provocateur, jovial, généreux et anticonformiste. Souvent un aréopage de gauche comme la rive où il se trouve.

Les paradoxes du Flore

✱ On peut y être tranquille (surtout au deuxième étage), MAIS on croise une foule de gens que l'on connaît.

✱ C'est un lieu moderne, MAIS il a le décor du passé.

✱ C'est un restaurant, MAIS on peut n'y venir que pour un café.

✱ C'est chaleureux, MAIS c'est grand.

✱ C'est anticonventionnel, MAIS c'est un classique.

✱ On y croise l'écrivain Jorge Semprun, le réalisateur Steven Spielberg, la réalisatrice Sofia Coppola ou l'avocat et ancien ministre Georges Kiejman, MAIS aussi plein de fashion people et… moi !

→

Very Paris ✱ Le Café de Flore

LA PHRASE

« Tu étais là à la dernière soirée du Prix de Flore ?
Ah bon, tu n'étais pas invité ?
Trop dommage ! »

Où s'asseoir ?

🖤 En entrant à gauche, près de la caisse. C'est la table des initiés. À l'étage, quand on veut être au calme et un peu plus à la lumière. Mais où qu'on soit assis, la caissière veille avec des regards de connivence, les serveurs travaillent avec gentillesse et humour. Une ambiance vraiment sympathique créée par le propriétaire Miroslav Siljegovic.

Quand y aller ?

🖤 Le week-end pour déjeuner. Mais c'est aussi un lieu de rendez-vous lorsqu'on ne sait pas exactement combien l'on sera. Pour déjeuner à midi avec une copine. Ou pour dîner le soir avec son amoureux ou des amis… Bref, on pourrait passer sa vie au Flore !

On commande

★ La salade Colette (avec des pamplemousses, des cœurs de laitue et des avocats).

★ Les œufs brouillés pas trop cuits.

★ Le Welsh Rarebit (spécialité à base de fromage Cheddar, bière et toast) qui calme tout de suite la faim, et pour longtemps.

★ Le Flore (le croque-monsieur maison).

★ La salade de haricots verts (ça peut paraître basique, mais les haricots sont juste croquants comme il faut).

★ Le chocolat chaud avec un nuage de chantilly ou le chocolat liégeois.

Dress code

→ Il faut respecter une certaine élégance « easy chic » estampillée Rive Gauche (denim, veste d'homme et ballerines par exemple). Le bon conseil : éviter à tout prix le rouge (la couleur des banquettes), ou alors vous passerez totalement inaperçue.

172 boulevard Saint-Germain, VIe
Tél. 01 45 48 55 26
www.cafedeflore.fr
Ouvert tous les jours de 7 h à 2 h du matin.

Le Chartreux

LA PHRASE

« C'est dingue ce qu'il y a comme prix Goncourt dans ce troquet ! »

à savoir

- C'est le QG des parents de l'école d'à-côté. Donc, c'est souvent bondé le matin vers 8 h 30. Pris d'assaut par les étudiants à midi. Et adopté comme salle à manger annexe par les habitants du quartier le soir.

Déco

- Banquette en moleskine, table en formica, c'est très *parisian roots*. On aime les photos des artistes au mur. Et le côté « tout est d'origine ! ».

On commande

- Tous les plats du jour, le burger et les jus de fruits.

8 rue des Chartreux, VIe
Tél. 01 43 26 66 34

PANAME FOOD

Chez Paul

LA PHRASE

« C'était la cantine d'Yves Montand qui habitait juste à côté. »

À savoir

🍂 Situé sur la très mignonne place Dauphine, ce restaurant a tout du décor de théâtre tellement il est typique.

Déco

🍂 Rétro classique bien sûr. Cave voûtée et pierres de taille, c'est la quintessence du bistrot parisien d'antan.

On commande

✶ Le canard en aiguillettes un peu sucré-salé.

15 place Dauphine, Ier
Tél. 08 99 69 05 81

La Closerie des Lilas

La phrase

« Hemingway venait ici quand il écrivait Le Soleil se lève aussi. Je crois qu'il prenait les travers de porc caramélisés au miel ! »

À savoir

🫒 La partie restaurant est très chic, la brasserie beaucoup plus abordable. C'est là que je vais, juste après avoir demandé à l'écailler à l'entrée de me conseiller pour les crustacés.

Déco

🫒 Banquette en cuir capitonné, table en bois foncé, sets signés des célébrités qui sont passées par là, c'est le Paname chaleureux.

On commande

✳ Le steak tartare, le must-eat de la maison… et tout le reste, car tout est délicieux !

---

171 boulevard du Montparnasse, VIᵉ
Tél. 01 40 51 34 50

PANAME FOOD

La Fontaine de Mars

LA PHRASE

« Je vais prendre la même chose que Michelle Obama quand elle est venue ici ! »

à savoir

🫒 On aime aller dans ce bistro quand il fait beau pour profiter de la terrasse.

Déco

🫒 Nappes vichy à carreaux rouges et blancs, carrelage 1900 et serveur en tablier d'époque, ça, c'est Paris !

On commande

✱ Pour chaque jour de la semaine, il y a un plat du jour différent. Le vendredi, c'est poulet fermier rôti et purée. À la carte on trouve des escargots et un très bon magret de canard.

129 rue Saint-Dominique, VIIe
Tél. 01 74 05 46 44
www.fontainedemars.com

Cafés de l'Industrie

à savoir

🫘 Les Cafés de l'industrie sont divisés en trois adresses de chaque côté de la rue. Celui où il faut aller se trouve au numéro 16 (le plus grand des trois).

Déco

🫘 Style colonial avec beaucoup de boiseries, des murs ocre, des photos en noir et blanc, une atmosphère vraiment sympathique, surtout le soir. Un bon plan quand on veut épater ses copines qui habitent à New York.

On commande

✳ Des salades, des carpaccios, des plats traditionnels français et plein de bonnes choses tous les jours sur l'ardoise.

16 rue Saint-Sabin, XIe
Tél. 01 47 00 13 53

PANAME FOOD

LA PHRASE

« C'est cool, on peut rester jusqu'à 2 h du mat ! »

Racines

LA PHRASE

« Il est top ce biatronomique !* »

À savoir

🫒 Vu que l'endroit est tout petit, que les habitués ne veulent pas décamper, que le patron refuse plus de 30 tables par jour, la réservation est in-dis-pen-sa-ble.

Déco

🫒 Des tables de bistrot proches les unes des autres, des bouteilles de vin (qu'on peut acheter) décorent le mur de ce mini lieu situé dans le joli passage des Panoramas qui renferme toute l'âme de Paris.

On commande

✱ L'ardoise est renouvelée tous les jours. Les produits sont d'une qualité irréprochable. Un plat qui nous a marqué ? La poularde aux légumes de printemps. À noter : si on vient ici, c'est aussi pour le vin.

8 passage des Panoramas, IIe
Tél. 01 40 13 06 41

*Pour ceux qui ne connaissent pas le terme, il qualifie la nouvelle génération de bistrots qui proposent une cuisine créative, proche des restos gastronomiques, à prix raisonnable.

Au bon Saint-Pourçain

LA PHRASE

« Les Américains adorent ce restaurant et son patron so french ! »

à savoir

🫒 S'il n'était pas situé dans cette rue si charmante et si typique proche de l'église Saint-Sulpice, on aurait tout de même fait attention à ce resto.

Déco

🫒 Dehors, les tables ont des nappes à carreaux rouges et blancs, dedans, les rideaux sont en dentelle blanche. Vous mettez ce resto n'importe où dans le monde, on vous dira : « C'est un français ! »

On commande

✱ Sur la devanture, il est écrit « cuisine bourgeoise », traduction : poireau vinaigrette, terrine de canard, souris d'agneau, poulet forestier et compagnie. Sans oublier la fameuse tête de veau gribiche. Et du vin de Saint-Pourçain *of course* !

10 bis rue Servandoni, VIe
Tél. 01 43 54 93 63

Very Paris

Le Café de l'Odéon

LA PHRASE

« On se croirait dans une pièce de théâtre ! »

À savoir

🫘 Dès le mois de mai, on peut profiter de la terrasse trop jolie située sur la place, juste devant le Théâtre de l'Odéon. On peut même y dîner le soir.

Déco

🫘 Théâtrale avec colonnes de marbre, lustres grandioses, miroirs dorés et statues antiques. Sur la terrasse, forcément, c'est plus sobre. Mais il y a le ciel de Paris !

On commande

✱ Un filet de bœuf.

Place du Théâtre de l'Odéon, VIᵉ
Tél. 01 44 85 41 30
www.cafedelodeon.com

PANAME FOOD

L'Écume Saint-Honoré

> **LA PHRASE**
> « Pour le dessert, je vais prendre une Saint-Jacques ! »

À savoir

● Tout a commencé par une poissonnerie, puis a évolué en bar à huîtres.

Déco

● Maritime avec plafond illustré ciel bleu, nuages et mouettes. En fond sonore, les cris des mouettes.

On commande

✶ On vous le dit tout de suite, si vous voulez un steak, vous n'êtes pas au bon endroit… Ici, c'est coquillages et crustacés.

6 rue du Marché-Saint-Honoré, Ier
Tél. 01 42 61 93 87

Chez Georges

> **LA PHRASE**
> « Évite de t'habiller en vintage pour y aller, on croira que tu as passé ta vie ici ! »

À savoir

● Ici, rien ne change et surtout pas la carte. Andouillettes, céleri rémoulade, harengs-pommes à l'huile, profiteroles, tout est toujours là et ça nous met en joie !

Déco

● Style bistrot du début du siècle, même si rien n'a bougé depuis longtemps, ça garde un esprit parigot chic qu'on aime particulièrement.

On commande

✶ Le classique pavé du Mail, une pièce de bœuf au poivre servie avec des frites.

1 rue du Mail, IIe
Tél. 01 42 60 07 11

Le Salon du Cinéma du Panthéon

à savoir

→ Au premier étage de l'un des plus vieux cinémas de Paris, c'est la place idéale pour aller déjeuner avec les copines ou prendre un thé (il ferme à 19 h).

Déco

→ C'est Catherine Deneuve et le décorateur star Christian Sapet qui ont décoré cet espace de 150 m^2 avec grands canapés cosy, tables basses et lampes « déco statement ». On est tellement bien dans cet endroit qu'il est toujours difficile de le quitter. On pourrait y passer tout l'aprèm, surtout quand on est sur la terrasse !

On commande

✱ Des salades, de la charcuterie ibérique, du saumon bio, c'est frais et c'est bon.

13 rue Victor Cousin, VIe
Tél. 01 56 24 88 80

PANAME FOOD

LA PHRASE

« Regarde derrière toi, il y a Catherine Deneuve ! »

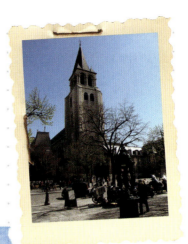

4. Trendy Paris

Évidemment, Paris a aussi ses nouvelles tables qui font courir tous les fashion people. Ici, c'est réservation obligatoire. Dans certains restaurants, il existe même des listes d'attente… comme pour les « it bags ».

PANAME FOOD

Fashion au top

La Société

Face à l'église Saint-Germain-des-Prés, caché derrière une immense porte cochère, le restaurant La Société (ouvert par les Costes) peut intimider. D'ailleurs, on murmure qu'il n'aime pas tellement figurer dans les guides. Décoré par l'architecte d'intérieur Christian Liaigre, il est très néo-Rive Gauche. C'est sobre tout comme les plats toujours dans l'air du temps. Dégustez ici un tartare aller-retour et vous êtes alors étiquetée « Parisienne à la mode » !

4 place Saint-Germain, VIe
Tél. 01 53 63 60 60

Paradis pour carnivores

Unico

Au cœur du XIe, c'est toujours le buzz autour de ce restaurant argentin. Normal, les propriétaires – argentins – ont trouvé la recette parfaite : dans une ancienne boucherie dont ils ont conservé le décor originel années 1970 (donc très orange !), on trouve du bœuf importé directement de la pampa, goûteux et fondant.
Sans parler de l'incontournable *banana con dulce de leche*. Ce n'est pas ici qu'on va faire régime, mais c'est ici qu'on va rugir de plaisir !

15 rue Paul Bert, XIe
Tél. 01 43 67 68 08
www.resto-unico.com

Cuisine très nouvelle

Le Chateaubriand

Vous ne rencontrerez pas une vraie Parisienne qui ne soit jamais allée dîner au Chateaubriand ! Bien sûr, elles craquent toutes pour le ténébreux chef basque Inaki Aizpitarte, mais elles sont surtout amoureuses de sa cuisine très inventive (mais qui pourrait ne pas plaire à tout le monde). On y a goûté des plats aussi bizarres que les sardines dans leur foie gras, des cèpes crus et de l'huile de café. C'est sublimement bon. Inaki pratique le décalage et les mix audacieux en cuisine dans un esprit très « nouveau Paris ». La déco brute de bistrot est très réussie. Et prouve qu'il n'y a pas besoin d'esbroufe pour la bonne bouffe !

129 avenue Parmentier, XIe
Tél. 01 43 57 45 95

Atmosphère, atmosphère

Le Baratin

Il est ouvert depuis longtemps, mais l'ambiance reste inchangée, toujours terriblement sympathique. L'équipe est très amicale. Et en plus, c'est bon. Je me rappelle y avoir dégusté un tartare de thon à la cerise renversant. L'aiguillette de bœuf sauce exotique vaut le voyage jusque dans le XXe. Simplement bon. Donc l'essentiel est d'y aller.

3 rue Jouye-Rouve, XXe
Tél. 01 43 49 39 70

PANAME FOOD

Vue sur la Grande Dame

Le Café de l'Homme

La meilleure vue de la Tour Eiffel. Avec sa terrasse en été, le Café de l'Homme est l'un des spots où il faut emmener dîner ses amis de passage à Paris. Bel endroit aussi pour faire sa demande en mariage. Escalope de foie gras poêlée, mini poireaux, émulsion de Granny Smith, pavé de thon plancha laqué au soja, cheesecake avec glace au fromage blanc, la cuisine est contemporaine. Parfait pour contempler la vue !

17 place du Trocadéro, XVIe
Tél. 01 44 05 30 15
www.restaurant-cafedelhomme.com

Trendy Paris

PANAME FOOD

Moderne attitude

Cru

Comme son nom l'indique, on y mange des mets crus (la grande assiette des trois tartares est divine!), des carpaccios insolites, mais aussi des plats cuits comme la daurade rôtie au basilic qui fait saliver rien que d'en parler. C'est exquis comme la créatrice du lieu, Marie Steinberg. Tout dans ce restaurant est fait avec beaucoup de goût. À commencer par la déco ultra design (faites un tour aux toilettes, c'est amusant!). La petite cour est très gaie en été. Le service est sympathique. En fait, je pourrais déjeuner ici tous les jours et revenir le dimanche pour le brunch avec les enfants. Croyez en Cru!

7 rue Charlemagne, IVe
Tél. 01 40 27 81 84
www.restaurantcru.fr

PARTIE 5

Parisiennes attitudes

Il n'y a pas que le style dans la vie,
il y a aussi la façon de voir la vie.
La Parisienne a une manière bien à elle
de vivre sa ville. Voici 4 attitudes
à adopter pour faire « locale ».

Parisiennes attitudes

Connaître un lieu — presque — secret

→ « Quoi ? Tu ne connais pas ? » **La Parisienne** adore prendre ses amies en flagrant délit d'ignorance. Elle recherche toujours les lieux que personne ne connaît. Jusqu'à ce qu'elle en parle et doive donc en chercher de nouveaux…

Chic toilettes

Si vous voulez surprendre une personne qui vous accompagne, placez-vous face à l'église de la Madeleine, dos à la Concorde et juste sur la droite cherchez un petit escalier indiquant des toilettes (si, si !). Vous découvrirez un lieu ancien et inconnu fait dans un style Belle Époque de bois et de céramique, un endroit préservé mais « fonctionnant » toujours comme si l'emplacement souterrain l'avait préservé des différentes améliorations d'urbanisme décrétées par tous les conseils municipaux des années passées. L'authenticité de la décoration ainsi que l'employée dévouée et enthousiaste que l'on y découvre vous donnent soudain le sentiment d'être un contemporain de Marcel Proust ! Comme c'est rigolo ce saut dans le temps, cet effet de ressentir le Paris d'autrefois grâce à ce petit espace « sanitaire » bien plus authentique que de nombreux lieux touristiques. Je ne saurais vous dire si l'endroit est classé mais la plupart des Parisiens ne connaissent pas ce… petit coin !

Toilettes de la Madeleine
Place de la Madeleine, VIIIe

Visiter les musées hors circuit

→ Bien sûr, il y a le Louvre, le musée d'Orsay et Beaubourg. Mais l'autochtone préfère visiter les musées dont on parle peu. Avoir l'air de connaître l'art hors des sentiers battus, c'est son dada ! 4 musées font partie de mes favoris.

Musée Dapper
50 avenue Victor-Hugo, XVIe
Tél. 01 45 00 01 50. www.dapper.com.fr

✳ Pour l'art africain où les sculptures tiennent la vedette. Ça fait toujours très pro de dire : « Je vais au musée Dapper, tu connais ? » Car en principe, peu de gens connaissent. Et ajouter : « Leurs expos sont magnifiques ! »

Musée Marmottan Monet
2 rue Louis Boilly, XVIe
Tél. 01 42 24 07 02. www.marmottan.com

✳ Consacré à l'impressionnisme, il est situé dans un joli hôtel particulier avec jardin. C'est là qu'il faut aller pour admirer la plus importante collection au monde d'œuvres de Claude Monet. Impressionnant !

Musée Cognacq-Jay
8 rue Elzévir, IIIe. Tél. 01 40 27 07 21

✳ Ce petit musée d'art est un secret bien gardé. Même à Paris ! On peut y voir des peintures, des sculptures, des dessins, des meubles, des porcelaines, tout date principalement du XVIIIe siècle. Ces œuvres ont été collectées par Ernest Cognacq, fondateur des grands magasins de la Samaritaine. *Very* Paris évidemment.

Musée Jacquemart-André
158 boulevard Haussmann, VIIIe
Tél. 01 45 62 11 59
www.musee-jacquemart-andre.com

✳ Une collection rassemblée par un couple de passionnés qui aimait autant la peinture flamande que celle de la Renaissance italienne ou le mobilier rare. C'est à 5 minutes des Champs-Élysées, dans une demeure qui vaut le détour. Le café-salon de thé est l'un des plus chic de la capitale. Là, on oublie l'interdiction de toucher et on mange les pâtisseries. Oui, c'est une performance artistique !

Parisiennes attitudes

Fréquenter les librairies anciennes

→ Bien sûr, la Fnac est bien pratique. Mais pour jouer l'authentique, on se balade dans les librairies anciennes. À noter : la Parisienne achète des livres, mais n'a jamais le temps de les lire !

LIBRAIRIE F. JOUSSEAUME

Le passage en fait un lieu paisible avec une jolie lumière. Si on aime les livres anciens, on aime forcément cet endroit. On peut aussi y découvrir des gravures sur la mode au XIXe siècle.

45-46-47 galerie Vivienne, IIe
Tél. 01 42 96 06 24

GALIGNANI

La première librairie anglaise établie sur le continent. Évidemment, on ne trouve pas que des livres et des magazines en langue anglaise ! Le rayon mode est top.
Je pourrais y rester des heures !

224 rue de Rivoli, Ier
Tél. 01 42 60 76 07
www.galignani.com

LES ARCHIVES DE LA PRESSE

Un endroit paradisiaque pour les nostalgiques de la presse. On y trouve des *ELLE* vintage et des *Vogue* où Dali a pris la rédaction en chef.

51 rue des Archives, IIIᵉ
www.lesarchivesdelapresse.com

L'ÉCUME DES PAGES

Une librairie culte de Saint-Germain-des-Prés qui propose toujours les livres dont on parle dans la capitale.

174 boulevard Saint-Germain, VIᵉ
Tél. 01 45 48 54 48
www.ecumedespages.fr

LA LIBRAIRIE DES ARCHIVES

Une mine pour les livres d'art et surtout pour dénicher des livres rares ou épuisés.

83 rue Vieille-du-Temple, IIIᵉ
Tél. 01 42 72 13 58
www.librairiedesarchives.com

LIBRAIRIE LA HUNE

Entre le Café de Flore et les Deux-Magots, elle est l'endroit idéal pour aller se nourrir de littérature jusque tard dans la nuit (ouverte jusqu'à minuit du lundi au samedi, jusqu'à 20 h le dimanche). Quand on entre dans cet espace immaculé (c'est tout blanc), on ressort forcément avec un livre qui va nous illuminer. C'est ici que vous avez acheté « La Parisienne » ?

170 Boulevard Saint-Germain, IIIᵉ
Tél. 01 45 48 35 85

S'expatrier en restant intra-muros

→ Que fait une Parisienne qui veut avoir l'impression d'être en vacances sans quitter sa capitale adorée ? Elle change de quartier pour voir d'autres pays. Mes adresses de globe-trotteuse intra-muros pour vivre les pays en VO tout en ne dépassant pas le périphérique.

Le Japon

Lô Shushi

8 rue de Berri, VIIIe. Tél. 01 45 62 01 00
www.losushi.com

🖤 Pour déjeuner rapidement, c'est la solution. On n'attend pas puisque les plats défilent sur un immense tapis roulant. On se sert comme on veut (les prix sont indiqués selon le code couleur des assiettes). Mais on peut aussi traîner dans ce lieu design très sympathique. Quand on est japonais et « lost in translation » dans la capitale, on est content de pouvoir y manger comme chez soi sans devoir passer par le déchiffrage d'un menu auquel on ne comprend rien !

L'Inde

La Maison du Kashmir

8 rue Sainte-Beuve, VIe. Tél. 01 45 48 66 06

🖤 Vous ne pouvez pas vous tromper. Dès que vous entrez dans ce restaurant, la déco vous indique tout de suite que vous n'êtes pas au Nicaragua. Rouge, rose, rideaux bordés de fil doré et serviettes en éventail, India nous voilà ! Que commander ? Le thali végétarien et le lassi sucré. Impression de voyage garantie !

L'Orient

Le salon de thé de la Mosquée de Paris

39 rue Geoffroy-Saint-Hillaire, V^e
Tél. 01 43 31 18 14

🖤 En été, on va dans la petite cour très typique décorée de mosaïques où l'on sert des thés à la menthe très sucrés. On va chercher quelques pâtisseries exposées en vitrine. Gâteaux au miel, aux amandes, cornes de gazelle, ce n'est pas du tout régime, mais c'est tellement bon !

La Thaïlande

Le Comptoir de Thiou
12 avenue Georges-V, VIIIe
Tél. 01 47 20 89 56
🍃 L'endroit idéal pour déjeuner si on fait du shopping dans le VIIIe. Le Tigre qui pleure est un must. Tout comme le Pad Thaï. Finir par une infusion à la citronnelle vous permettra de repartir d'un pied léger !

Les États-Unis

Coffee Parisien
4 rue Princesse, VIe. Tél. 01 43 54 18 18
🍃 Bonne ambiance américaine avec tableaux des présidents américains aux murs et sur les sets de table. Un super restaurant pour emmener les enfants qui ne veulent que des burgers bien comme là-bas avec de grosses frites. Pour les parents qui souhaitent plus ou moins garder la ligne, il y a de bonnes salades.

Thanksgiving
20 rue Saint-Paul, IVe. Tél. 01 42 77 68 29
www.thanksgivingparis.com
🍃 Une épicerie où l'on trouve du made in USA (poudre à faire les pancakes, pop corn de Paul Newman, Oreo cookies et grosse dinde à l'approche de Thanksgiving, une fête aussi importante que Noël pour les Américains). Et pour les fans de brunch, le restaurant cajun est à l'étage.

L'Angleterre

WH Smith
248 rue de Rivoli, 1er. Tél. 01 44 77 88 99
www.whsmith.fr
🍃 Au premier étage, la mini épicerie propose quelques produits anglais impossibles à trouver ailleurs. J'y vais surtout pour les livres en anglais (ceux pour les enfants sont super), les DVD en version originale et, bien sûr, les magazines anglophones, car ici, vous l'aurez compris, *we speak english*.

L'Italie

Casa Bini
36 rue Grégoire-de-Tours, VIe
Tél. 01 46 34 05 60
🍃 Une institution pour les mets d'origine toscane. L'accueil est chaleureux à la manière des Italiens et les pâtes formidablement fraîches. Le décor est plutôt austère, mais la clientèle vraiment chic. Réservez, car on connaît des addicts de Casa Bini qui viennent toutes les semaines et ne sont pas prêts à céder leur place.

PARTIE 6

Paris pour petits

Mes amies de province me demandent toujours : « Mais comment fais-tu avec tes enfants à Paris ? » C'est très simple : Paris a tellement de possibilités pour les occuper que je ne me suis jamais posé la question ! Musées, parcs, boutiques de jouets, librairies, spectacles et monuments, c'est toujours gai de promener des petits à Paris.

Bonpoint

Impossible de ne pas trouver son bonheur chez Bonpoint ! Surtout si on va dans la boutique de la rue de Tournon, un endroit sublime de beauté. Du bébé à l'ado, tout le monde est servi. Les couleurs sont subtiles, les imprimés délicats et les coupes easy chic. L'hiver, on se précipite sur les doudounes et l'été, on raffole des petites robes en Liberty ou des chemises pour garçons. Le parfum qu'on peut mettre sur les bébés est un cadeau de naissance tout trouvé. Si vos petits s'impatientent pendant que vous faites votre shopping (ils ne devraient pas vu qu'il y a une cabane en bois dans laquelle ils peuvent aller jouer), promettez-leur un brownie dans le restaurant sous la boutique où la cour arborée est l'un des secrets les mieux gardés de Paris… enfin jusqu'à la parution de ce guide !

6 rue de Tournon, VIe
Tél. 01 40 51 98 20
www.bonpoint.com

PARIS POUR PETITS

Baudou

Même si le nom a changé et ne l'indique plus, c'est le magasin des meubles Bonpoint. Si on veut une chambre pour enfants sans déco gnangnan, c'est l'adresse idéale. Les couleurs sont douces. Il n'y a pas de fioritures inutiles. L'endroit idéal pour shopper le couffin en osier tout simple. Et si on n'a plus de place pour les meubles, on peut repartir avec une peluche, toutes irrésistibles !

7 rue de Solferino, VIIe
Tél. 01 45 55 42 79
www.baudoumeuble.com

PARIS POUR PETITS

Zef

Un univers très poétique inspiré de l'Italie natale de la créatrice, Mariu De Andreis. La star ? Les imprimés étoilés. Tout est absolument charmant, des petites robes légères aux manteaux d'hiver. La collection Zef Piccolo pour les nouveaux-nés est vraiment mignonne. On a envie de tout. Il est impossible de ressortir de la boutique sans rien. On vous aura prévenus !

• 15 rue Debelleyme, IIIe
Tél. 01 42 76 09 65
• 55 bis rue des Saints-Pères, VIe
Tél. 01 42 22 62 58
www.zef.eu

Paris pour petits

Le jardin du Luxembourg

→ Le parc favori des petits de la Rive Gauche. Dommage que seule une mini bande de pelouse soit accessible pour le pique-nique. Mais heureusement, il y a plein d'autres choses à faire. Le parcours idéal d'un après-midi pour que vos petits se couchent tôt :

✳ Rendez-vous au bassin devant le Sénat : commencez par louer un petit bateau à voile qu'on dirige avec un bâton depuis le bord. Observez les canards.

✳ Dirigez-vous vers les balançoires (juste à côté des tennis). Mettez vos petits dans une balançoire et poussez.

✳ Une fois bien balancés, **mettez-les sur les petites voitures à pédales** dans l'allée juste derrière. Laissez-les pédaler.

✳ Après l'effort, le réconfort. Allez hop, une bonne crêpe à **la buvette des Marionnettes** !

✳ Place au spectacle (surtout s'il pleut et en hiver) avec **le théâtre couvert des Marionnettes** du Luxembourg. Un théâtre à l'ancienne qui leur laissera des souvenirs à vie.

✳ **Un petit tour de manège** à la sortie du théâtre pourra les remettre en selle. Les enfants n'y sont pas inactifs : avec une petite tige, ils doivent attraper des cercles de fer tenus par le « monsieur du manège ».

✳ Finissez cette journée en beauté par **un petit tour de poney** (dans l'allée face à l'entrée Guynemer). Voilà, avec tout cela, je vous garantis de passer une soirée tranquille… À moins que vous aussi ne soyez épuisée après une journée si chargée !

PARIS POUR PETITS

Fashion kid

→ Trois idées pour habiller ses petits :

● **Éviter de mixer les imprimés criards**, ce n'est pas parce qu'ils sont petits qu'il faut les habiller comme des clowns.

● **Ne pas hésiter pas à les habiller en total-look noir**, ça a l'avantage de ne pas être salissant. Et si vous tenez à qu'ils soient gais, mettez-leur des chaussures de couleur, un foulard ou un manteau coloré. Un vrai truc de style qu'on peut aussi copier quand on a plus de 10 ans !

● **Pour que votre petit ne fasse pas sa révolufashion, laissez-lui régulièrement choisir un vêtement.** Et tant pis si votre fils veut absolument ce tee-shirt orange fluo avec son héros préféré ou que votre fille réclame un tutu rose pour sortir dans la rue. On a tous fait des erreurs de jeunesse !

Parc des Buttes Chaumont, XIXe

Souvent oublié parce que hors des sentiers battus. Il est très vallonné et offre donc de belles vues sur Paris. Comme au jardin du Luxembourg, il y a des jeux, un théâtre de guignol et des poneys. Ce qui fascine les petits ? Ses grottes avec stalactites, ses cascades, sa passerelle et son pont suspendu. En plus, on peut pique-niquer sur les pelouses. Ça vaut un ticket de métro !

Paris pour petits

PARIS POUR PETITS

Bonton

La boutique de la rue de Grenelle était déjà grande et très sympa. Celle-ci est un vrai empire de la marque Bonton avec tout ce qu'on aime. Les vêtements sont sobrissimes et faciles à vivre. Leur recette ? Une pointe de bobo, de belles matières, des couleurs vives mais pas trop. C'est tellement bien qu'on aimerait que Bonton ne s'arrête pas aux enfants. Dans ce nouvel espace, à quelques pas de la boutique Merci (cf. *Adresses Déco*), les trois étages permettent d'habiller les enfants, de décorer leur chambre (c'est bourré de petits objets beaux et rigolos) et même de les coiffer (un « capilliculteur » est installé dans la boutique). On pourra aussi prendre le goûter avec des gâteaux aussi bons que beaux et faire participer ses enfants à des ateliers créatifs. L'attraction que les petits vont adorer ? La cabine Photomaton vintage en noir et blanc qui prend quatre photos sans donner de chance d'en effacer. Il y a tellement de choses à faire dans cette boutique qu'on pourrait y passer sa journée !

• 5 boulevard des Filles-du-Calvaire, IIIe
Tél. 01 42 72 34 69
• 82 rue de Grenelle, VIIe
Tél. 01 44 39 09 20
www.bonton.fr

Wowo

C'est pop, un brin rétro, un peu ethnique, très graphique et surtout super coloré. Des vêtements plutôt rigolos pour des enfants qui ne tiennent pas à garder leur sérieux. Les mixer avec des vêtements plus sobres est hautement recommandé.

5 rue Froissart, IIIe
Tél. 01 53 40 84 80
www.wowo.fr

PARIS POUR PETITS

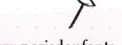

www.parisdenfants.com

Pour des visites ludiques
de musées ou des parcours
(parfois sous forme de jeu de piste)
dans Paris (à partir de 5 ans).
C'est tellement passionnant que vous
n'entendrez jamais vos enfants dire
« C'est quand qu'on sort du musée ? »
ou « Je ne peux plus marcher,
je veux prendre le métro ! »

Balouga

C'est le pionnier du mobilier design pour enfants : des meubles fabriqués par de grands designers, des rééditions célèbres, des gadgets design. C'est un endroit épatant. Je crois que mettre des touches de design (un calendrier façon panneau indicateur par exemple) dans la chambre des enfants peut leur préparer de bonnes madeleines de Proust pour plus tard. C'est une espèce d'initiation à la culture !

25 rue des Filles-du-Calvaire, IIIe
Tél. 01 42 74 01 49
www.balouga.com

Agnès b. enfants

Quand on veut habiller son enfant avec du noir, c'est la griffe idéale. Agnès b. a été l'une des premières créatrices à oser la couleur corbeau pour les petits. J'applaudis.

Jour Enfant. 2 rue du Jour, Ier
Tél. 01 40 39 96 88
www.agnesb.fr

Paris pour petits

Musée National d'Histoire Naturelle & Ménagerie du Jardin des Plantes

Tout petit Parisien est venu au moins une fois (souvent avec sa classe) admirer la grande galerie de l'Évolution avec tous ses animaux naturalisés ou empaillés. Quand il fait beau, on va à la ménagerie, l'un des plus anciens zoos d'Europe. Essayer de faire décoller son enfant de la singerie alors que le zoo va fermer est une expérience vécue par des milliers de parents ! La nouveauté du Jardin ? Les quatre serres tropicales qui ont rouvert après cinq ans de travaux.

36, rue Geoffroy Saint-Hilaire, V^e
Tél. 01 40 79 54 79
www.mnhn.fr

La Tour Montparnasse

La meilleure vue de Paris, parce qu'on y voit la Tour Eiffel et pas la Tour Montparnasse !

33 avenue du Maine, XVe
Tél. 01 45 38 52 56
www.tourmontparnasse56.com

La cafétéria du musée Rodin

En été, c'est le lieu idéal pour faire déjeuner ses enfants. Ils sont dans la verdure, mais entourés de sculptures célèbres. Se cultiver sans en avoir l'air, c'est l'attitude estampillée « petits Parisiens ».

79 rue de Varenne, VIIe
Tél. 01 44 18 61 10
www.musee-rodin.fr

PARIS POUR PETITS

Musée Carnavalet

Rien que les deux hôtels particuliers qui abritent le musée valent le coup d'œil ! Connaître l'histoire de Paris, pour les petits, c'est capital. Savoir qu'on a trouvé une dent de mammouth sous l'avenue Daumesnil peut les faire parler durant trois jours à la maison. Avec environ 600 000 œuvres, on a le droit de ne pas tout voir la première fois !

23 rue de Sévigné, IIIe
Tél. 01 44 59 58 31
www.carnavalet.paris.fr

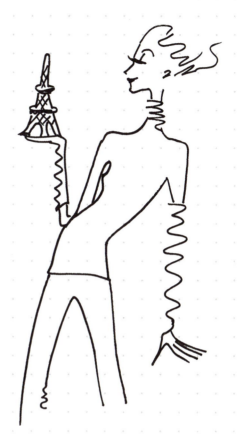

Jardin des Tuileries, 1er

Si vos petits sont du genre à sauter sur le lit quand ils ne savent pas quoi faire, emmenez-les dans ce jardin où 8 grands trampolines leur permettent de décoller du sol. Bien plus amusant que d'être assis sur un manège !

Tour Eiffel

Impossible de l'éviter ! Pour ne pas faire la queue comme les touristes, on commande ses billets sur le site web (www.tour-eiffel.fr)… ou bien, on monte à pieds !

Pain d'épices

Un endroit unique dans un passage très typique. Cette boutique de jouets traditionnels est le paradis de la maison de poupée : il y en a de toutes les tailles et surtout on trouve tout pour la meubler. Comme des toilettes par exemple ! Ou des petits gâteaux ou même un jeu de Monopoly miniature. Quand je veux faire un cadeau très perso, j'achète les boîtes-vitrines en bois et j'enferme à l'intérieur des objets miniatures qui caractérisent la personne : une perceuse si c'est un bricoleur, une robe de poupée si c'est une fashion girl. Ça donne un objet de déco rigolo.

Librairie Chantelivre

Le temple des livres pour enfants. Les vitrines donnent toujours mille idées. Une librairie qui procure à tous les enfants l'envie de lire, c'est une belle performance !

13 rue de Sèvres, VIe
Tél. 01 45 48 87 90
www.chantelivre.fr

29-31 passage Jouffroy, IXe
Tél. 01 47 70 08 68
www.paindepices.fr

PARIS POUR PETITS

Jardin Catherine Labouré

→ 29 rue de Babylone, VIIe

On ne le remarque pas depuis la rue, vu qu'il est caché derrière des murs. C'est l'un des rares jardins à Paris où l'on peut marcher sur l'herbe. Pour un pique-nique chic, on va chercher des denrées à la Grande Épicerie qui ne se trouve pas loin. Un parc d'initiés, car on ne le connaît jamais par hasard.

Luco

Plus Rive Gauche, ce n'est pas possible : Luco, c'est le surnom donné par les enfants du quartier au jardin du Luxembourg. Les vêtements sont épurés, élégants avec une touche de rock'n'roll. Du vrai chic parisien !

24 rue de Babylone, VIIe
Tél. 01 42 84 35 47
www.luco.fr

Paris pour petits

Palais de Tokyo & Tokyo Eat

Pas de collection permanente dans ce musée d'art contemporain, mais des expositions toujours très intéressantes. Avec les enfants, on ira surtout suivre les ateliers – les Ateliers Tok-Tok. L'enfant fait un tour dans l'expo et crée ensuite son œuvre en rapport avec l'univers dans lequel il a été plongé. Quand on est vraiment arty, on fête son anniversaire (mon Annivarty) au Palais. Ensuite, direction le restaurant ultra design – le Tokyo Eat – qui propose un menu enfant tout à fait délicieux (le burger est top). Les parents aussi aiment cette nourriture très contemporaine. Réserver le dimanche est fortement recommandé.

13 avenue du Président Wilson, XVIe
Tél. 01 47 23 54 01
Restaurant Tokyo Eat
Tél. 01 47 20 00 29
www.palaisdetokyo.com

e-boutiques pour enfants où emmener sa souris

www.ovale.com
Pour un cadeau de naissance très luxe. Comme le hochet cœur en argent massif. Il peut se transformer en porte-clefs une fois que bébé a grandi.

www.aliceaparis.com
Matières naturelles, formes simples, prix très raisonnables, le trio qui me séduit.

www.talcboutique.com
Minimalisme et créativité dans une seule marque, c'est une vraie performance fashion pour cette jeune marque qui habille du 3 mois au 10 ans. La griffe a aussi ses « vraies » boutiques à Paris, dans le IIIe (60 rue Saintonge) et dans le VIe (7 rue des Quatre-Vents).

www.littlefashiongallery.com
L'e-adresse indispensable des Parisiennes qui veulent styler leurs enfants avec de bonnes griffes trendy chic. Pour les 10-20 ans, à cliquer aussi :
www.mediumfashiongallery.com.

www.smallable.com
Que des petites marques adorablement branchées. C'est bien aussi pour les jouets « eco-friendly » design.

www.petitstock.com
Des vêtements griffés à prix bradés. Les Parisiennes adorent l'idée !

PARIS POUR PETITS

École Ritz-Escoffier

Le meilleur cadeau pour un enfant qui veut jouer le petit rat Rémy dans *Ratatouille* ? Un cours de cuisine à l'école Ritz-Escoffier, dans les cuisines de l'Hôtel Ritz. Le petit chef mettra une tenue de grand chef et préparera un plat qu'il aura choisi en fonction d'un programme (disponible sur le site). Il repartira ensuite avec son œuvre prêt-à-manger mais de haute cuisine. On vous garantit qu'il voudra revenir !

15 place Vendôme, Ier
Tél. 01 43 16 30 50
www.ritzparis.com

Serendipity

Pour les parents qui ne veulent pas que la déco de la chambre de leurs enfants ressemble à toutes les autres. Un mot qui vient à l'esprit quand on entre dans cette immense boutique : éclectique. Si vous cherchez des berceaux en carton, c'est ici. Un bureau et un banc d'écolier, c'est là aussi. Une housse de couette avec des étoiles, c'est ici aussi. Bois brut, meubles d'artisans, matières naturelles, c'est un mix furieusement XXIe siècle.

81-83 rue du Cherche-Midi, VIe
Tél. 01 40 46 01 15
www.serendipity.fr

Ie

Un très joli endroit où l'on trouve des tissus charmants (que l'on peut acheter au mètre), de petits trésors qui donnent envie de faire plein de choses. Le coin papeterie avec des petits carnets d'inspiration vintage est à voir. Ie propose aussi des vêtements pour enfants réalisés en Inde avec des tissus naturels, tissés et imprimés artisanalement. Du vêtement durable !

128 rue Vieille-du-Temple, IIIe
Tél. 01 44 59 87 72

PARTIE 7

Un lit à Paris

Où dormir à Paris ? Évidemment,
les palaces sont une bonne solution !
On est rarement déçu par un séjour
au Plaza Athénée ou au Ritz !
Mais si on veut essayer les jolis petits hôtels,
on a le choix ! Bonne situation (plutôt Rive
Gauche), déco réussie
et supplément de charme,
voici ma sélection de bons lits à Paris.

La campagne à Paris

Hôtel des Grandes Écoles

LA PHRASE

« Il n'y a pas de télé, mais tant mieux, car j'écoute les oiseaux dans la cour ! »

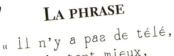

L'ATMOSPHÈRE

On est en plein V^e arrondissement, mais on se croirait n'importe où ailleurs hors de Paris. L'hôtel a des allures de cottage champêtre. C'est super calme et entouré de verdure. Quand il fait beau, on prend le petit-déjeuner dans le parc, à l'ombre des arbres. Une adresse pour ceux qui veulent vivre la capitale mais dormir comme en province.

LA DÉCO

Imprimés rustiques, crochets et boiseries, on est à 1000 kilomètres du design XXIe siècle.

75 rue Cardinal-Lemoine, V^e
Tél. 01 43 26 79 23
www.hotel-grandes-ecoles.com
À partir de 115 €

Le classique charmant
Hôtel de l'Abbaye Saint-Germain

LA PHRASE

« C'est trop charmant ! »

L'ATMOSPHÈRE

✱ Très au calme, il fait partie des classiques raffinés qui ne sont pas hors de prix. Situé à Saint-Germain-des-Prés, il plaît à toutes les fans de mode qui peuvent rentrer déposer leurs *shopping bags* à l'hôtel en quelques minutes. En été, on peut prendre son petit-déjeuner dans la cour arborée au son de la fontaine. Forcément un des points forts de l'hôtel !

LA DÉCO

✱ Papier peint fleuri ou à rayures, grands miroirs dorés, têtes de lit assorties au tissu des abat-jours, salle de bain en marbre, on est dans du 100% classique raffiné.

10 rue Cassette, VIe
Tél. 01 45 44 38 11
www.hotelabbayeparis.com
À partir de 260 €
(240 € si on réserve via le Net)

Un lit à Paris

Le plus Rive Gauche

L'Hôtel

LA PHRASE

« Cet endroit a plu à Oscar Wilde, alors il te plaira ! »

LA DÉCO

✴ Signée Jacques Garcia. Donc beaucoup de velours rouge, des meubles anciens, des lampes à pied doré et abat-jour frangé, du papier peint à dessins, des tissus riches, c'est chaleureusement classique.
La terrasse de la plus grande suite qui donne sur les toits de Paris est top.

L'ATMOSPHÈRE

✴ On sent tout de suite que cet hôtel a une histoire. Il faisait partie de la résidence de la Reine Margot. Depuis son récent relooking, il est le lieu favori des fashion people. À ne pas manquer : le restaurant, baptisé tout simplement « Le Restaurant ». Et la piscine, sous les voûtes, réservée aux clients.

13 rue des Beaux-Arts, VIe
Tél. 01 44 41 99 00
www.l-hotel.com
À partir de 255 €

UN LIT À PARIS

L'aura de Montmartre

Hôtel Particulier

LA PHRASE

« On va dans le jardin pour l'apéro ou tu préfères aller jouer les Amélie Poulain au Café des 2 Moulins (15 rue Lepic, XVIIIe) ? »

L'ATMOSPHÈRE

Même si j'ai une préférence pour la Rive Gauche, j'avoue un faible pour Montmartre. Situé dans le secret passage du Rocher-de-la-Sorcière (il faut montrer patte blanche pour y entrer), cette grande maison de style Directoire a tout pour conquérir les filles en vogue. Seulement cinq suites qui donnent sur un très joli jardin (évidemment, c'est calme).

23, avenue Junot, XVIIIe
Tél. 01 53 41 81 40
www.hotel-particulier-montmartre.com
À partir de 290 €
Tarifs préférentiels selon certaines périodes.

LA DÉCO

Pensé comme une maison avec des chambres toutes différentes, cet hôtel est décoré par Morgane Rousseau qui a fait appel à de nombreux artistes. Baignoire noire qui trône dans le salon de la suite « version loft », papier peint qui donne l'impression d'être dans le jardin dans la suite « végétale », lampe à abat-jour en chapeau melon noir sur murs blancs dans la suite « poèmes et chapeaux », c'est éclectique mais toujours réussi.

L'esprit maison

Hôtel Recamier

> **LA PHRASE**
> « Ne donne pas cette adresse à tout le monde, il faut la garder secrète le plus longtemps possible. Il n'y a que 24 chambres ! »

L'ATMOSPHÈRE

✱ Je n'y faisais plus attention depuis longtemps. Mais l'hôtel a été rénové en 2009 et a l'air maintenant d'une jolie maison particulière. Un luxe discret empreint de l'esprit des années 1940. C'est la nouvelle adresse qu'on se passe de bouche à oreille. Il est merveilleusement situé (à côté de l'église Saint-Sulpice) et en plus, l'accueil est charmant !

LA DÉCO

✱ Toutes les chambres sont différentes et chaque étage a sa couleur. Moquette milleraies et papier peint en fibre naturelle dans l'une (ma préférée), tête de lit à damier allié au tissu croisillon dans l'autre. Il y a des produits Fragonard dans la salle de bain. Rien que pour cela, on veut y aller !

3 bis place Saint-Sulpice, VIe
Tél. 01 43 26 04 89
www.hotelrecamier.com
À partir de 250 €

UN LIT A PARIS

L'easy chic avec des enfants
Hôtel Bel Ami

LA PHRASE

« Les enfants ne veulent pas sortir, ils veulent rester jouer à l'hôtel ! »

L'ATMOSPHÈRE

✳ Du design, du design, encore du design, mais avec une petite pointe de sympathie. Surtout en ce qui concerne l'accueil des enfants qui peuvent dormir dans une chambre communiquant avec celle des parents : ourson en peluche, carnet de coloriage et crayons de couleurs, menu junior et pour les plus grands des jeux vidéo, l'hôtel les considère aussi comme des clients. On aime aussi les concerts de jazz organisés régulièrement et qui attirent des habitués. Tout comme le spa, prisé des beautystas.

LA DÉCO

✳ Casual chic. Chêne massif pour les meubles, couleurs naturelles avec touches de sombre, laque pour la salle de bain. Chaque chambre a son ambiance : cannelle, cumin, vert anis ou orange.

7-11 rue Saint-Benoît, VIe
Tél. 01 42 61 53 53
www.hotelbelami.fr
À partir de 250 €

Le palace comme en 1900

Le Régina

LA PHRASE

« Vu que les gens n'y pensent jamais, c'est l'endroit idéal pour venir boire un verre avec son amant sans peur d'être repérée… »

L'ATMOSPHÈRE

★ L'un des palaces parisiens qui a le plus gardé son âme d'époque. Même si, évidemment, les touristes viennent ici pour passer la nuit dans un lit douillet, les Parisiens aiment la discrétion du Bar Anglais ou du restaurant qui possède une petite terrasse dans une cour arborée.

2 place des Pyramides, I er
Tél. 01 42 60 31 10
www.regina-hotel.com
À partir de 375 €

LA DÉCO

★ Il semblerait que tout a été laissé comme à l'origine quand le palace a ouvert en 1900. Les étrangers qui débarquent dans cet hôtel à deux pas du Louvre doivent se dire qu'il est vraiment typiquement français. Fauteuils en velours rouge sur carrelage de marbre, lustres et grandes tentures, ce sont les fastes d'antan, mais toujours charmants. Un vrai voyage dans le temps si on revient de la boutique Colette ultradesign non loin de là !

Le luxe discret

Hôtel Villa Madame

LA PHRASE

« C'est chic et cosy, c'est donc chicosy ! »

L'ATMOSPHÈRE

✳ Un luxe sans prétention, une adresse discrète, du contemporain chic dans une rue du VIe super charmante. Le plus ? Le petit jardin.

LA DÉCO

✳ Bois clair, objets de déco exotique, beige, marron, blanc et orchidée, c'est une recette basique mais qui donne au design un peu de chaleur. Certaines chambres ont une terrasse avec vue sur les toits de Paris. À demander en priorité.

44 rue Madame, VIe
Tél. 01 45 48 02 81
www.hotelvillamadameparis.com
Offres spéciales à partir de 169 €

UN HÔTEL POUR UNE BONNE RAISON

Pour un moment avec un amant

L'Hôtel Amour
8 rue Navarin, IXe
Tél. 01 48 78 31 80
www.hotelamourparis.fr
Chambre double à partir de 150 €

Pour se réveiller sur la place des Vosges

Le Pavillon de la Reine
28 place des Vosges, IIIe
Tél. 01 40 29 19 19
www.pavillon-de-la-reine.com

Pour un petit budget

L'Hôtel Sainte-Beuve
9 rue Sainte-Beuve, VIe
Tél. 01 45 48 20 07
www.hotelsaintebeuveparis.com
Offres spéciales à partir de 130 €

notes

LA PARISIENNE

notes

LA PARISIENNE

REMERCIEMENTS

Ines

Nine (d'être jolie et de ne pas faire de crise d'ado' en étant serviable avec sa maman…).

Éric Chales qui nous a conduites à ces adresses avec adresse.

François, propriétaire des « Chartreux », qui a bien voulu servir de QG pour l'élaboration du guide.

Zohra qui fait des heures supplémentaires afin que les mamans (Sophie et moi) puissions faire les Parisiennes.

Violette qui a dû faire ses devoirs toute seule mais passe tout de même en 6e avec les félicitations de sa maîtresse.

Denis pour ses suggestions d'éteindre l'ordinateur à partir de minuit.

Armelle qui nous a fait penser à toutes les adresses que nous allions oublier et fait office de cerveau en règle générale.

Katia & Valentin grâce à qui on ne se fait pas de cheveux blancs et qui n'ont toujours pas la grosse tête.

La femme de ménage du bureau de Teresa Cremisi parce que nous n'avons pas laissé cet endroit dans l'état dans lequel nous l'avons trouvé après avoir entreposé mille vêtements pour la séance de photo.

Tuulia dont le bureau est à côté de la photocopieuse où nous avons imprimé mille photos et c'est bruyant.

Dinky & Aliosha dont les promenades dépendaient sensiblement des endroits à visiter dans le but d'élaborer ce guide (au moins ce n'était pas le vétérinaire !).

Ce libraire adorable qui a su vous convaincre qu'il s'agissait d'une œuvre majeure…

Ce journaliste adorable qui a fait un article dithyrambique (mais à qui je vais envoyer une enveloppe demain !).

Sophie

Pascale Frey et Jean-Marc Savoye pour leur coaching.

Santiago Boutan et Soledad Bravi qui ont fait apparaître la fée graphiste.

Jeanne Le Bault pour son style « Parisienne ».

Daphné Bengoa qui sait toujours rester focus.

Véronique Philipponnat, Nathalie Dolivo, Erin Doherty, Philomène Piégay et Anne-Cécile Sarfati à qui j'ai rendu des papiers (presque) en retard parce que je parcourais la capitale avec la Parisienne. Mais bon, Valérie Toranian m'avait encouragée à le faire !

Stéphane et Caroline qui se sont mariés sans moi en raison d'un mannequin qui ne travaille que le week-end.

Cédric, Aramis et Sienna pour leur patience et parce qu'ils ont dû sortir les moutons sans moi.

Suzy… parce que tout le monde sait qu'une Parisienne ne meurt jamais.

Merci à APC, Balenciaga, Chanel, Claudie Pierlot, Dior Homme, Éric Bompard, G.H. Bass, La Bagagerie, Notify, Persol et Roger Vivier d'avoir aidé à façonner le style « Parisienne » sur Nine (voir Partie 1).

Achevé d'imprimer en janvier 2011
par CANALE, Italie